# 静思与超越

## 创业者的自我沉淀

高峰 等著

ZHEJIANG UNIVERSITY PRESS
浙江大学出版社

# 卷首语

在走访创业企业的时候,我总喜欢问同一个问题,创业以来最大的遗憾是什么? 很多人的回答是没有时间读书。这种感觉可能我们大家都会有,一方面觉得自己很久没有读书了,内心隐隐有些不安,另一方面又的确是由于工作过于繁忙,抽不出时间,或者静不下心来。

但其实这只是一个时间管理的问题,2017 年 8 月 18 日,我专门为那些觉得自己忙得没有时间看书的朋友们建立了一个虚拟实验室-Kp-reading Lab,用社会化学习的方法,坚持每天晚上由一位读友在线上语音分享一本书。截至 2020 年 10 月 11 日,已经每天不间断地坚持阅读分享 1151 天、1151 期。

在这个过程中,我开始不断地观察、分析和研究:优秀的创业者有什么特点? 创业者之所以为创业者,有没有深层次的、共同的标志性的东西?

答案是有的,而且不止一个,但是其中令我个人最感兴趣的,是阅读。

优秀的创业者都爱阅读,并坚持阅读,创业者之所以为创业者,其中一个标志性的东西是热爱阅读、坚持阅读!

是啊,回望人类历史长河,阅读确实是实现个体自我认知升级和高效获取知识的最经典方式! 时代发展到今天,经济社会迅速发展,商业形态快速变化,科学技术日新月异,我们需要更加迅速地更新知识储备,扩展知识疆域。唯有阅读,能让我们更多的站在巨人的肩膀上!

作为优秀的创业者们，他们的阅读，又和一般人的阅读不一样，他们的阅读，藏着他们的创业密码，他们为什么能成为他们自己？他们最宝贵的思考是什么？可以说，他们的阅读分享，就是一篇篇异常珍贵的创业档案！

同时，他们的分享，又是一个特别的创造。现有的与创业相关的书，一类是理论研究者写的书，体系完整，但是著作者大多又缺少创业实践；一类是创业者写的书，体悟深刻，但是著作者又大多没有进行很深入的理论思考。因此，由创业者结合自身的实践，对相关专门书籍进行研读，最后再进行提纲挈领的凝练，是弥补上述两类书籍不足的一种可行的尝试。歌德说："理论是灰色的，而生命之树常青。"希望带给大家的，是一份鲜活的礼物！

高　峰

2020 年 10 月 11 日

# 目　　录

# 吴晓波：

## 从华为30年看中国企业的管理变革发展史
### ——读《华为管理变革》

这次为大家推荐的是由我和我的团队所著的《华为管理变革》。这本书的创作起因要追溯到六年前，2014 年 5 月华为任正非先生与田涛先生到杭州，我们做了一次深度交流，在交流过程中很高兴地发现我们有许多对市场经济的本质、企业性质、人性和管理原则等方面的"实事求是"的共鸣。特别是对在中国崛起过程中，优秀企业在全面学习西方管理理论和方法中的"二次创新"，即在尊重科学理性的学习中融入自己的管理创新方面，有更强烈的共鸣。

世界各国在崛起过程中都有自己的管理理论。例如，英国亚当·斯密的分工理论，美国泰勒的科学管理原理，法国亨利·法约尔的一般管理理论，德国马克斯·韦伯的官僚组织理论，日本的全面质量管理。中国在崛起中同样有我们的管理科学和高超的管理艺术。作为一名管理学学者，我迫切感到需要从中国的优秀管理实践中抽象提炼出一套有效的管理理论、方法或者工具，引导中国乃至更多发展中国家的企业实现高质量追赶乃至超越。

　　在这样的背景下，我和华为国际咨询委员会顾问田涛先生一起创办了浙江大学管理学院睿华创新管理研究所，我与田涛先生共同担任联席所长，致力于以华为为代表的中国优秀企业的管理实践为研究对象，发展具有中国特色和世界影响的管理理论。睿华创新管理研究所的治理结构就体现了我们的初衷：我自身从事竞争战略与技术创新管理的研究30余年，田涛老师则是华为的高级管理顾问，身处企业管理与变革的一线。研究所联席副所长则是浙大管理学院资深教授郭斌和华为前资深副总裁胡彦平，成员为浙大管理学院的中青年教师团队和一批"退休"的华为前任高管。

　　我们希望通过睿华打造一个专业的、能够紧密地把理论界和产业界连接在一起的企业智库，让理论与实践能够在互动中呈螺旋式上升，让理论能够真正指导企业的管理实践。在这样的基本理念引导下，睿华创新管理研究所发起了"四季论坛"：每年春夏秋冬各办一次论坛。"四季论坛"努力塑造一种新的交流学习平台，由实践者和管理研究者通过互动来分享和共创对中国管理实践的新认知，这个过程当中有批判、有辩论、有互动、有建议。在这个论坛上，很多一线企业管理思想精髓和体系化的方法得以不断沉淀和升华。由此，我们想到应该写作一本书，来系统总结这些宝贵的管理智慧。于是，我组织我们的团队，用了三年时间，将华为从1987年到2017年这30年的管理变革历史，写成了《华为管理变革》一书。

　　这本书的编写花费了很长时间。我们想理性客观地来看华为发展的30年当中到底发生了哪些变革，以此作为后续进一步发展相关理论的基础。本书我们按照编年史的样式把华为企业的发展历程分为七条主线进行了总结。

　　全书共分为八章，第一章为概览，第二至八章根据组织管理职能，梳理为七条主线。第二章讲的是高管团队与组织变革。从规则化变革的视角，华为高管团队引导了自上而下的组织变革，这是华为所有变革中最核心的灵魂措施。通过对价值创造、价值评价与价值分配等底层规律的深入洞察，华为公司创造性地起草了《华为基本法》，做好了顶层制度设计，从根本上解决了企业发展的原动力问题。尤其是书中描述了华为的股权架构如何从个体集权演变到集体集权，然后再到适度的分权，这是华为在股权治理创新上的一个很典型的特征。

第三章主要关注的是华为"端到端"的高效集成产品开发体系即 IPD。华为作为一个典型的产品创新驱动的科技公司，把满足客户需要的产品研发视为保持企业持久竞争力的核心武器。早期，华为不遗余力地向 IBM 学习，从 IBM 引进了整套 IPD 管理方法，耗费了很大的成本和超出预料的时间。这场高效流程型变革使得华为以快速的市场响应在市场上取得了巨大的成功。华为将 IPD 管理体系分为几个阶段，是自上而下，又自下而上，先僵化，后优化，再固化。华为很强调用刚性的管理体系来作为底线的保障，底线之上，再来谈真正的创新和变革，这是华为非常典型的特点。而这样的过程也极为痛苦，华为用十余年的时间才完成了这一变革。

第四章关注的是另一条很重要的主线，即华为的供应链变革。华为供应链变革主要经历了两个阶段：第一阶段是从基层供应链变为集成供应链。1999 年开始，华为引入 IBM 集成供应链管理咨询，经过四年的努力，建立集成供应链体系 ISC。第二阶段是随着华为的全球化发展，逐步推行全球供应链管理体系 GSC。华为的海外业务的运行效率和服务效率由此达到了世界领先水准，这是华为变革的又一个重要内容。

第五章聚焦的是华为的财经变革。华为的财经体系从传统的智能管理变成服务体系，这是非常重要的一种变化。从早期统一会计政策、统一会计流程、统一会计科目、统一会计监控到走向以服务为主导的财经服务体系，这种变化更促成了华为高流动性、高变革、高变化的体系，也是形成华为竞争力的核心支柱。

第六章主要讲人力资源变革。华为的人力资源变革非常有特色。华为是一个非常重视企业文化和核心价值观的企业，如何将核心价值观从高管贯彻到基层，华为有一整套科学体系，其典型特征就是提倡"干部是自己打出来的"。华为很强调员工在一线的锻炼，又很强调能力建设和精神建设，同时还强调两者要有机组合在一起，这些都是华为非常成功的典型做法。

第七章的主题是华为研发管理变革。华为在20世纪90年代初赚到第一桶金时就重视建立自己的研发体系，后来《华为基本法》奠定了一个原则：强调研发的作用，规定华为的研发投入必须超过当年销售额的10％，研发投入非常大，这使得华为的发展有了自主的"引擎"。所有人都知道现在华为手机拍照效果很好，其根源在于华为在手机研发上的投入超过了其他各个品牌手机研发投入的总和。经历过几次变革后，华为逐步从二次创新走向原始创新，最终走进了"无人区"。

最后一章讲述的是华为的国际化之旅。华为的国际化成长总体上可以分为三个阶段。第一阶段主要是将赢得价格敏感型客户作为重点。我们可以看到华为很典型的国际化计划："以农村包围城市"，从低收入国家开始。除基本服务外，华为还提供各种快速响应的技术服务，为客户提供超出预期的附加值。在非洲、南美及其他发展中国家取得了很大的成功，当然也包括俄罗斯。第二阶段是站在全球视角管理企业所面对的复杂性来赢得系统效应，利用全球资源实现协同。在这个过程当中，华为开始在全球建立研发网络，特别是研究中心网络，利用不同国家的优势资源，实现资源的最优化配置。比如俄罗斯的数学能力、法国的设计能力、意大利的工业设计能力等。第三阶段，2013年至今又发生了质的变化。在4G开始进入市场的时候，华为还是一个并跑者；5G的时候，华为已经变成领跑者，华为的身份有了巨大的转变，实现了从产业追随者到产业领导者的转变。华为积极调整自己的角色，特别是遵循共生原则，调整了市场进入的策略，更加开放和包容。华为的全球技术服务网络和全球研发网络，是最典型的两个大型开放式网络，做得非常出色。

《华为管理变革》一书是迄今最为完整且客观地描述华为管理变革历程的专著。阅读这本书需要有耐心，因为它不像许多关于华为的基于生动故事的书，它以客观事实和管理体系的演化为主线。又因为是从华为的创业之初写起的，它对各类处于不同发展阶段的企业都会有所启发。它能让企业家们看到不同阶段的管理匹配性之重要，对创业者而言也一定能有所助益。

比较有趣的是我们这本书在起步的时候，因为有国际团队的参与，并且我们致力于推出影响世界的普适性管理理论，因此实际上是从英文版开始写的。后来因为英国剑桥大学出版社一拖再拖，我们决定先把本书翻译成中文，中文版于 2017 年 10 月出版。而英文版则到 2020 年 3 月份才正式由英国剑桥大学出版社出版。英文版的一大特点是：每一章后都邀请了相关领域的国际知名学者做了点评，以第三方的观点更加客观理性地进行了佐证。

在这本书看似平淡如水的文字背后包含了我们对引领企业管理研究的雄心壮志：越来越多的中国企业领跑世界，缘起中国的管理理论和方法亦能！睿华创新管理研究院致力于成为新时代引领企业健康发展的世界级智库。开发基于中国领先企业管理实践的"C 理论"，是我们当下的首要任务。"C 理论"之"C"有很多重要含义，如 Catch up and beyond（追赶和超越）：中国企业在工业化阶段是后来者，利用后发优势迅速地实现赶超，但又不掉入追赶陷阱，这是必须解决的关键问题。所以这个理论里面有很多超越追赶的理论和方法论，包括如何从二次创新走向原始创新等等。"C"也是 change（变革）。以华为为代表的中国公司，能够实现超越追赶，很重要的一个原因就是把变革当作常态。原有的管理理论体系总是把企业面临的不确定性尽可能地排除，变革是迫不得已才会发生的偶然事件。但是在华为、海康威视这样的企业，变革是作为常态化在推行的。而且它们从组织架构到管理文化都积极拥抱变革。这跟以往西方主导的基于第二次产业革命的管理理论非常不一样。另一个"C"，指 complementarity（互补性），是我们中国企业很大的优势和特点。中国传统文化中有很多深邃的智慧，比如说中庸，如果把中庸和任正非常讲的"灰度"结合起来的话，我们能看到这是在二元问题当中找到新的平衡。这与传统的西方管理思想中"非黑即白"的管理理念是不一样的。特别是在当今越来越呈现网络化、全球化趋势的社会，互补性成为越来越重要的竞争力。

中国企业的崛起并不是个别现象，而是一种群体现象。例如，在 2002 年到 2007 年吉利集团最困难的时候我曾经担任其总裁战略顾问，与吉利一起做了很多不那么成功但是却极有意义的事。因此我对中国企业从一穷二白到自力更生、从无到有、从零到一的过程有着特别深的感触。由此引申出来的意义就是，我们并不只是研究华为这样的热门公司，而会研究并指导更多优秀的企业。我和我的团队已经运用"二次创新"到"超越追赶"的"C 理论"指导了一批企业的崛起。比如早期的杭氧集团和海康威视。海康威视用十年时间就做到世界第一，难道是因为运气好吗？翻开我 2003 年在海康威视做的"二次创新与战略"的报告：《非线性成长——吉利之道》……更是坚定了我们用中国的管理理论和方法指导中国企业更好发展的信心！

如何用科学的管理理论指导更多企业从追赶到超越？如何拥抱不确定性？如何用管理体制和机制来获得超凡的竞争力？正如任正非先生所说："管理是最大的蓝海！"本书只是我们"C 理论"系列丛书的第一部，我们将持续研究并推出系列的相关成果。我们对中国经济的持续增长充满了信心，因为我们看到了越来越多的中国企业家和管理者在运用科学的管理理论和方法来搏击市场经济的大潮。

让我们相信来自竞争的繁荣！

## ■分享人简介:

吴晓波,睿华创新管理研究(杭州)有限公司首席科学家。浙江大学求是特聘教授,教育部长江学者特聘教授,浙江大学社会科学学部主任,浙江大学创新管理与持续竞争力研究中心主任,浙江省人民政府咨询委员会委员,中国经济社会理事会理事,国务院学位委员会管理科学与工程评议组委员、教育部高校管理科学与工程类教学指导委员会委员,全球未来理事会(GFC)理事,浙江大学创新与创业管理强化班("ITP")创始人。

2019 年获首届教育部杰出教学奖。教学及科研成果获国家级教学成果奖一等奖等国家级、省部级奖 10 余项。1999 年创办"浙江大学高科技创新与创业管理强化班",培养出个推(每日科技)、快的、晶丰明源等"浙大系"科技创新驱动的创业企业 120 余家,总市值超过千亿元。还介入早期创业辅导培育了海康威视、光珀智能科技有限公司等面向全球的行业领先企业。多年来积极从事以竞争战略与技术创新管理为核心的研究,在创新管理、全球化制造与创新、信息技术与管理变革等领域开展了开拓性的研究,提出了从"二次创新"到"超越追赶"的"C 理论",将理论运用于企业实践,指导了大批中国企业的崛起。曾任吉利集团、西门子(中国)、海康威视、杭氧集团、西子联合控股、新和成、茅台集团、苏州亨通集团、红狮水泥、中天建设等多家龙头企业战略顾问或独立董事,以培养"引领中国未来发展的健康力量"为己任。

## ■公司简介：

  睿华创新管理研究院（杭州）有限公司（以下简称睿华研究院），成立于 2019 年 11 月，致力于成为研究和推广先进管理理论和方法的世界一流企业智库，为企业装上先进管理的引擎！

  睿华研究院相信知识就是力量，"以把握时代变革的理性和面向未来的洞见引领中国企业从优秀走向卓越"。睿华研究院的愿景是"做引领更多中国企业成为国际一流企业的智库"，使命是"让'纸上谈兵'的专家实现更大价值：通过管理引擎和产融结合，助力百亿企业成长为千亿企业，助力隐形冠军企业成为全球市场领袖企业，助力千万小微企业健康成长"。

◆ **高峰按：**

　　吴晓波教授分享的书是由他和他的团队所著的《华为管理变革》，这样的视角更加特别。《华为管理变革》以参与者的视角叙写了一部华为过去长达 30 年的波澜壮阔的变革史，从一家深圳的小公司起步，华为坚持把创新与管理作为驱动发展的关键要素，30 年间，以破釜沉舟的勇气、因时因势的策略、循序渐进的节奏将管理变革深入到了企业的每一个细胞。现在，开放创新、拥抱变革的华为已经位居全球一流企业的行列。以吴晓波教授为代表的中国管理学学者，长期参与企业管理与变革的一线实践，致力于开发并推广面向 21 世纪企业管理的"C"理论，吴晓波教授及其团队的研究将帮助更多中国企业实现从追赶到超越的历史转折，为中国经济的发展培育更多健康力量！

高超：

天下熙熙攘攘，我自岿然不动

——读《东周列国志》

　　我向大家推荐的是长篇历史小说《东周列国志》，作者是明代的冯梦龙和清朝的蔡元放。为什么推荐这本书呢，因为创业风起云涌，形势复杂，瞬息万变，"小船"说翻就翻，"大厦"说塌就塌，我们很有必要读一读历史，通过历史演进领悟未来趋势，透过社会变迁启迪创业定律，穿过人物心性预判成败得失。

　　《东周列国志》全书共108回，描写了东周五百多年间列国争雄称霸的故事，从春秋五霸到战国七雄，从崛起、图强，到争战、灭亡，最后到秦国一统天下，可谓波澜壮阔，跌宕起伏，栩栩如生，惊心动魄！其间的经典桥段，我们信手拈来，妇孺皆知。比如，周幽王烽火图一笑，齐桓公九合诸侯；秦孝公《求贤令》，李斯《谏逐客书》；商鞅变法，管仲强齐；庞涓孙膑之恨，屈原伍子之痛，苏秦张仪之情，廉颇相如之谊等等，活灵活现，历历在目。

　　沧海横流，方显英雄本色。所谓乱世出豪杰，危机谋变局。创新创业者读读这本书，定会有所领悟和启发。

　　下面聊一聊我的几点粗浅体会。

## 咬定愿景不放松

秦国早期只不过是西陲并不起眼的小国，后经秦穆公攻取西戎才初步有点影响力，但依然被中原老牌诸侯国瞧不起。自秦孝公开始，秦国提出了明确的强国梦、大国梦、天下梦和清晰的路线图，之后的几代人都咬定这个目标不动摇，直至秦始皇，经历了七代国君最终完成了一统天下的大梦。

创业者要有梦想，企业要有愿景。不管遇到什么乱局，创业者要将企业的愿景长留心间，不忘初心，坚守初心，矢志不渝地向着愿景奋进，"一张蓝图绘到底"！志之所趋，虽坚必克；梦之所引，虽远必达。一代又一代、一届又一届核心团队，围绕企业愿景，制定路线图，吸纳天下英才，排除千难万险，不被诱惑，不走邪路，不图捷径，不达目的不罢休，就一定能够实现创业梦想和企业愿景。

## 何时创业都不晚

春秋战国国君，何时接班，何时亲政，情况大为迥异。著名的春秋五霸之一的晋文公，40出头了还没资格接班，后又在外面逃亡19年，60多岁了，才回晋国担任"董事长""CEO"，施展才华，重振声威。几年时间，就把晋国打造成与齐国平起平坐的大国。

我们熟知的一些大企业的创始人也有起步较晚的，如华为创始人任正非43岁才开始创业，一代零售大师宗庆后42岁才创办娃哈哈。有梦想，就要勇敢迈出第一步，不管年龄多大，前面的路都不会白走。

## 选任人才是关键

人才兴，则国兴，人才强，则国强。秦国重用商鞅，齐国重用管仲，都是成功案例。如果选好了人才，就要全力支持他，始终如初，不疑不谗不嫉，就能成就大业。反之,如果有才而疑,有名而馋,有功而妒,则可能国破人亡。比如伍子胥、屈原等案例。

企业亦如是。企业要振兴,首在选才。选才后,还要注意用才、任才,要敢于放手让他们去充分施展拳脚,方能有所作为。如联想早期的董事长倪光南,曾提出要发展自己的技术,但由于没有发挥能力的空间,最终出局。这既是企业的损失,也是行业和国家的损失。

## 开放自信建大业

那时一个人从一个诸侯国到另一个诸侯国为官做将是常有的事,如商鞅是卫国人,在魏国丞相府还当过家庭教师,后至秦国担任 CEO,变法强秦,大展宏图。但这样难免会有不少间谍混杂。比如,韩国派水工郑国,去秦国实施"疲秦计划",游说秦王嬴政,兴修水利,凿渠溉田,企图耗费秦国人力而使其不能攻韩。有点类似于美国用星球大战计划拖垮苏联。事情败露后,秦王很生气,听信宗室大臣之言,认为那些不属于秦国的人大多是间谍,还不如统统将其驱逐出境,从此干干净净。一个叫李斯的楚国人,也在被驱逐之列。好不容易来到秦国,打算要建功立业的,怎么甘心被当作间谍赶走呢?于是,他给秦王写了一篇政论文章,就是后来流传千古的《谏逐客书》。文章从统一四海的战略高度提出,不能驱赶这些外国人,而要胸怀天下,使天下英才为我所用。"泰山不让土壤,故能成其大;河海不择细流,故能就其深;王者不却众庶,故能明其德。"秦王于是收回了驱逐令,广纳各国贤才,最终一统天下。

企业也一样,开放才能带来生机,封闭就会落后。要有大气度、大格局和大雅量,容纳各种性格的人才、各种背景的人才、各个国家的人才。开放自信,方能成就大功业;故步自封,自以为天下第一,终将走向穷途末路。

## 基础材料最重要

秦国强大的军事力量不是天生的，而是一步步发展起来的。其重视最基本的金属冶炼技术、锻造技术、装配技术，为当时的尖端武器装备奠定了基础。如秦剑、秦戈都比其他国家的要更长、更坚韧，这在战场上是决定性的优势。用现在的话讲，就是武器有代差。三代机和五代机打，肯定是难以取胜的。现在我们国家制造业很强大，但基础原材料技术与先进国家相比，不少品类还有代差。

国家要重点支持企业开发硬科技，特别是基础材料，没有好米，何来好饭。现在搞集成创新的多，更容易吸引投资。比如国外的特斯拉，国内的几家电动车企业，其实质并没有多少创新。美国可以这样搞，因为它掌控了先进原材料技术和制造链，需要有企业来整合。我们则不然，在基础材料方面欠账太多，要尽快补起来，没有必要一窝蜂地去造车。一两家企业做终端，其他做配套材料及零部件即可，将整个产业链都做到极致，就会有未来。

石陶铜铁硅碳，是人类材料发展的缩影。我们要在碳时代占得先机，特别要注重石墨烯产业，建立独立自主的领先石墨烯技术和工业体系，才有机会创造新的文明。

## 资本流向定未来

为什么我们的基础原材料做不好？很多人认为，是我们的研发人员丢掉了"板凳要坐十年冷"的精神。但这只是表面现象，他们并没有看到问题的实质。一代人有一代人的烙印和风格，指望生活在当下的人保持跟前人一样的思想和意识是不切实际的。我们要面对当下为未来的人给出答案，问题才能得到解决。

古今中外，概莫能外，都遵循一个规律，我称之为"新资本论"：资本如流水，资本流向哪里，人就去哪里。资本流向人，则人才奔涌；资本流向战，则军事强盛；资本流向材料，则新材料层出不穷；资本流向娱玩，则玩物丧志，无人愿意吃苦耐劳，国家必定走向衰败。

秦国的资本主要流向人和战，其人才兴旺、军事强大是必然的；楚国的资本流向宫室和器玩，其建筑和娱乐繁荣是必然的，但被攻伐消亡也是必然的。"冷眼向洋看世界"，我们看看美国，其早期资本基本流向了实业和高科技，如石油、钢铁、计算机、硅材料、高分子材料等等，所以产生了石油大王、钢铁大王、微软、苹果、英特尔、杜邦、陶氏等实业巨头，还有发明家和科学家，并持续领先至今。

再观察一下我们自己，规律依然成立。新中国成立初期，资本流向"两弹一星"，则军工人才兴旺，"两弹一星"国家工程圆满完成。改革开放后，资本流向房地产，则富豪多出自房地产；资本流向互联网，则富豪转移至互联网；资本流向共享经济，则共享单车一时间遍地开花；资本流向游戏，则很多人游戏人生；资本流向直播，则有网红一夜暴富。资本是池塘里的水，流向一个地方多，则流向其他地方必然少。所以，要发展硬科技，发展基础原材料产业，发展电子芯片，布局下一代光电子芯片，就要管控好资本流向的闸门和水龙头。

## ◼ 分享人简介：

**高超**，浙江大学高分子系教授、博士生导师，高分子科学研究所所长，曾获国家杰出青年基金资助，入选国家万人计划领军人才。获全国（百篇）优秀博士学位论文奖、首届钱宝钧纤维材料青年学者奖。西安市追梦硬科技创业基金会发起人，首倡科技慈善。2016年开始产学研探索，创办长兴德烯科技有限公司和杭州高烯科技有限公司，致力于原创石墨烯成果的转化孵化和工程化。

# 公司简介：

高烯科技是国家高新技术企业，秉持"First、Best、Most"（即首创、极致、使命）理念，聚焦单层石墨烯全生态链原创硬科技，获全球唯一的单层氧化石墨烯及其功能复合纤维 IGCC 产品认证证书，授权国家发明专利 100 多项，开发出多功能复合纤维、电热膜、散热膜等多项全球领先的核心技术。

2020 年，公司注册原创技术终端产品品牌烯凤凰，推出袜子和远红外光灸毯穿睡康护系列产品，重构穿衣、睡觉和人的关系，满足小康社会人们对健康生活的高品质不贵时需求，烯美天下人。

## ◆ 高峰按：

《东周列国志》诉说的是中国历史上最动荡、最复杂的春秋和战国时期，书中绘就了一幅幅栩栩如生、形象鲜明的群英谱。以史为鉴，可以知兴替；以人为鉴，可以明得失。这部作品所着重展现的并非武力，而旨在探寻武力背后的推动力。高超教授的解读，深刻而又生动，作为创业者，面对当今世界百年未有之大变局，唯有积极应对时代的变化，才能在历史的洪流中立于不败之地。

# 钟崴：

## 系统工程、"互联网+"与能源互联网
### ——读《论系统工程》与《能源互联网与智慧能源》

我国著名科学家钱学森先生在 20 世纪 50 年代，结合我国航空航天工程的实践提出了系统工程的理论与方法，后被广泛应用于指导我国多行业、多领域的发展和建设工作，他的重要思想总结于 1988 年出版的《论系统工程》著作之中。

钱学森先生在《论系统工程》中，以"局部与全部的辩证统一，事物内部矛盾的发展与演变等"，指出系统代表的是整体与局部的关系。认为"系统"是指由一些相互关联、相互作用、相互影响的组织部分构成并具有某些功能的整体。这一科学认识，是唯物主义哲学与方法论在系统科学领域的实践理念。

钱学森先生按照系统结构的复杂程度，将系统分为简单系统、简单巨系统、复杂巨系统和特殊复杂巨系统，常见的复杂巨系统有生物体系统、人脑系统、地理系统、星系系统和社会系统等，其中社会系统作为最复杂的系统又被称作特殊复杂巨系统。这些复杂巨系统都是开放系统，与外部环境会进行物质、能量和信息的交换，所以又称作开放的复杂巨系统。

开放的复杂巨系统的主要特性包括：① 开放性，系统对象及其子系统与环境之间可以进行物质、能量与信息的交换；② 复杂性，系统中子系统的种类繁多，子系统之间存在复杂的关联度与相互作用；③ 巨量性，系统的子系统的数量十分巨大；④ 进化与涌现性，系统中子系统之间的相互作用，会从整体上进化出新的性质，实现与各子系统不同的新的功能；⑤ 层次性，系统部件与功能上具有层次关系。

对于系统工程与控制论和计算机技术的结合，钱学森先生预见性地给出如下描述："据控制论原理，运用电子计算机技术，把系统复杂的工程的组织管理工作建立在定量的基础上，使得各个分系统、分系统中的每个仪器、组件、元件的工作，协调一致、同步运转，大大提高效率。"在此基础上，他进一步研究和总结前人解决问题的过程方法，得到采用计算机解决问题的方法：

- 问题的表达（Representation）：把问题的有关因素明确下来，把因素之间的关系明确下来；
- 找问题的解（Search）：从不知到知，盲目的；
- 图像识别（Pattern Recognition）：从失败中认识到问题中的特征，寻解可以避开不大会成功的途径；
- 学习（Learning）：总结以前的经验；
- 程序（Planning）：把之前盲目的 Search 转换成有目的的寻解以提高效率；
- 归纳（Induction）：到一定程度的总管全局的归纳。

我们不禁惊叹，钱学森先生上述关于系统科学与计算机技术结合的应用描述，正符合了今天数字经济蓬勃发展、"互联网＋"赋能各行各业、信息系统与物理系统融合的发展现实。

今天，"互联网＋"为开放复杂巨系统的精细化、优化管理提供了技术实现途径。利用互联网信息平台，对传统行业进行优化升级，连接资源要素，统筹配置资源要素，发挥系统效益，这正是系统工程的核心理念。如今，"互联网＋"已经深入工业、商业、服务业等，并与其深度融合，衍生出"互联网＋教育""互联网＋旅游""互联网＋制造"等多种新的经济形态，产生了诸如滴滴出行、淘宝、大众点评、扫码点菜、抖音等多种多样的"互联网＋"平台，我们的生产和生活方式已被"互联网＋"技术彻底改变。

针对复杂巨系统，钱学森先生于1990年提出"从定性到定量的综合集成法"，1992年又进一步形成了人机结合、"从定性到定量的综合集成研讨厅"的体系。综合集成研讨厅是研究复杂巨系统的方法论，其实质是将专家群体（各领域的专家）的定性认识、大量数据和各种信息、高性能的计算机、先进的网络等信息技术有机结合起来，把各种学科的科学理论和人的认识结合起来，基于网络构成人机融合的智能决策系统。

在"互联网＋"与能源行业的结合方面，我推荐大家阅读冯庆东先生撰写的《能源互联网与智慧能源》一书。此书对能源互联网的架构进行了深入浅出的剖析，从智慧能源系统的多元化、集约化、清洁化、精益化、低碳化和智能化等特点出发，阐述了推动能源精细化管理的目标和途径，通过能源总量调控、能源生产消费优化配置，提高我国能源利用的安全性、清洁性和高效性。

伴随信息技术与能源技术的发展，通过综合运用先进的电子技术、信息技术和智能管理技术，可以将能源系统这种开放的复杂巨系统中大量的装置和设备互联起来，并进一步在信息层面实现人机融合、实时优化，可实现系统的协调优化与资源互补。这是开放复杂巨系统的核心要义，也正是钱学森先生当年提出的综合集成研讨厅体系的一个落地实现。

按照"互联网＋"的理念与系统工程的方法论，未来的能源互联网和智慧能源系统可以用先进的传感器、控制和软件应用程序，将"源—网—荷—储"各环节设备连接起来，形成复杂巨系统的"物联基础"；进而，在信息空间中通过模仿仿真、大数据分析、机器学习、智能优化等技术获得系统的优化运行调度策略，最终实现系统各环节设备面向安全、能效、环保等多重优化目标的协调运行。

近年来，能源行业中已相继衍生出了智慧电网、智慧热网、智慧燃气等相关概念。其中，智慧热网是针对现有供热系统装备与技术落后、自动化调节水平低等问题提出的一种自组织、自调节、自优化的新型供热模式，而智慧燃气通过物联网技术来实现燃气的智慧化管理。城市能源系统能够因时择优地自主做出优化决策，可将其比喻为"城市能源大脑"。

## ■分享人简介：

**钟崴**，杭州英集动力科技有限公司创始人、首席科学家。博士，博士生导师。浙江大学能源工程学院、工程师学院教授，热工与动力系统研究所副所长。主要从事智慧能源与能源互联网技术研究。主持研发了我国锅炉装备制造行业处于主导地位的产品性能设计仿真软件，曾获省部级科技进步奖 10 项，入选 2018 年浙江省"151 人才工程"第二层次（数字经济专项）培养对象，现任中国城镇供热协会技术委员会委员、中国城镇供热协会标准化委员会委员、《区域供热》杂志编委。

自"九五"初期起，在国家科技计划项目的支持下，钟崴主持研发了具有完全自主知识产权的"通用锅炉性能设计仿真软件"，该软件已推广应用于我国锅炉装备制造行业产值排名 TOP 50 中的 41 家，每年支撑的锅炉制造产值超 100 亿元，为我国锅炉装备制造行业提高自主创新能力和产能、消化引进技术发挥了重大作用。2014 年以来，钟崴敏锐把握到我国能源转型及发展"互联网＋"智慧能源的重大战略需求，带领团队开展智慧城市供热系统运行调控技术的攻关研发，并在"双创计划"支持下创办了杭州英集动力科技有限公司，以推动相关科技成果转化和应用落地。

## 公司简介：

　　杭州英集动力科技有限公司（以下简称英集动力）以构建中国智慧城市"供热大脑"为目标，借助工业互联网、大数据、人工智能、建模仿真等新一代信息技术，实现城市能源系统状态监测、安全分析、故障诊断、优化调控的智慧升级。英集动力通过建立供热系统的"数字孪生"模型实现热能供应链的数字化整合，采用人工智能算法在线实时生成供热系统的优化运行调控方案，构建城市供热大脑，打造城市供热系统的智慧操作系统。英集动力的核心产品viHeating®具有完全自主知识产权，经成果鉴定已达到"国际领先"技术水平。截至2019年年底，这一城市供热大脑实施项目已应用于北京、上海、郑州、天津、沈阳、济南、贵阳、无锡等十多个重点城市，接入的城乡居民供暖面积已达3.5亿平方米，系统接入的工业园区生产供热项目及城市级蒸汽供热项目覆盖总里程超1000公里。该项目已经取得显著的经济效益和环境效益，并于2019年获得中国电力企业联合会技术科技创新一等奖、上海市科学技术进步奖二等奖。英集动力已于2019年5月获得千万级Pre-A轮投资，投资方为"城市大脑"提出者、阿里巴巴集团技术委员会主席王坚院士发起的云栖创投基金。

◆ **高峰按**：

　　钟崴教授带来了钱学森先生在系统学领域的经典之作。钱老是我国的导弹之父，也是长时间领导我国重大科学事业发展的巨擘，《论系统工程》站在哲学的高度，从"整体"与"局部"的辩证关系视角对系统工程理论在社会各领域的推广和应用进行了深入浅出的经典阐述。当今社会已经进入"互联网＋"和"万物互联"的数字化、智慧化时代，以复杂系统的切入视角来研究"互联网＋"理念在新时代下的演变和发展，对于进一步推动我国各领域产业数字化和智慧化转型有重大的意义。

郑杰：

探索生命
——读《失控》

　　《失控》一书的翻译是以"众包"的方式，自下而上完成的。当时策划方东西文库的小伙伴们很有想法：既然《失控》讲了"蜂群思维"，那是否在组织翻译的时候，就用"蜂群"的模式呢？于是他们在全国组织译者，采用分布式众包模式，翻译的质量也相当高！

　　第一次看这本书的时候，我有了一种与作者神交的感觉，因为作者在书里的所想所写，也是我平时经常在胡思乱想的话题：

　　　自然界为什么会如此的复杂，但某些地方又有自相似性？
　　　是什么机制决定了树木的生长（超越基因的背后）？
　　　自组织是如何无中生有的，新时代的企业组织可借鉴吗？
　　　分形、幂律、混沌吸引子的背后动力学机制是什么？
　　　什么才能算是"活"的？什么是"学习"？"需求"到底是什么？
　　　大脑的意识如何从复杂的神经网络里涌现？

全球互联网未来会产生智慧吗？

层次是如何"涌现"的？（如分子、细胞、器官……）

进化的方向是什么？人类会走向何方？

在展开全书前，先隆重介绍一下《失控》这本书的作者凯文·凯利（Kevin Kelly）。他可是一名传奇人物！人们经常亲昵地称他为 KK，他有一个自己的个人网站：www. kk. org。对他有兴趣的，必须要看看他的个人网站！

KK 是著名的"量化自身"（Quantified Self）运动的发起者，也是著名杂志《连线》（*Wired*）的创始主编。而在创办《连线》之前，他是《全球概览》（*The Whole Earth Catalog*）杂志的编辑和出版人。这本杂志恰恰又是 APPLE 的创始人——乔布斯最喜欢的杂志。乔布斯患癌症后在斯坦福大学进行演讲时，其演讲末尾就引用了《全球概览》最后一期杂志中的一句话：

"Stay foolish, stay hungry ."

KK 就住在旧金山，他见证着美国硅谷从 20 世纪 60 年代到今天的创新和发展，被看作是"网络文化"（Cyberculture）的发言人和观察者，也有人称之为"游侠"（maverick）。1984 年，KK 发起了第一届黑客大会（Hackers Conference）。1999 年的电影《黑客帝国》（*The Matrix*）在某种程度上参考了凯文·凯利对网络文化的观察和隐喻。而《失控》也是该片导演——沃卓斯基兄弟要求主要演员必读的三本书之一。

KK 虽然一把年纪了，但始终保持童真般的好奇心。大学还没毕业的他，就开始游历全球，在亚洲一待就是十年。所以他十分崇拜中国的老子，老子的哲学——《道德经》对他影响很大。这就不难理解为何《失控》这本书中，有引用《道德经》的地方。后来他有相当长的一段职业生涯就是做杂志主编。作为一名科学记者，他一边写文章，一边思考，一边研究。难得的是他可以和一流的科学家对话，而且可以直接阅读他们发表的论文，参观

他们的实验室……所以即便说 KK 是一名科学哲学家，也绝对不为过！他有不少文章出现在《纽约时报》《经济学人》《时代》《科学》等重量级媒体和杂志上。

KK 出版的著作不多，除了《失控》外，2010 年还出版了《科技要什么》，这本书是他对于技术未来趋势的思考；2012 年的《技术元素》则是他一些不成熟的想法、笔记、内心争论的汇总，也让他明白自己到底在想些什么；2015年他又出版了《必然》。虽然后面几本都很棒，但我一直认为他的巅峰之作，依旧是 1994 年写作的这本《失控》。

20 多年过去了，《失控》里的思想和讨论的主题，依旧没有被超越。2010年东西文库把该书引入中国后，影响了中国的一代互联网领域的大咖。微信之父——张小龙在招聘时，都会问面试者这样一个问题："你有没有看过

《失控》?"所以这本书首先在互联网圈被引爆,KK 也因此成为中国各类互联网行业盛会邀请的对象。

作为最早一批中文版《失控》的读者,我认为《失控》不仅仅是对互联网的思考,而且是在思考"任何网络"背后,似乎都能应用的"生命逻辑"。就像这本书的英文副标题——"The New Biology of Machines,Social Systems,and the Economic World"(机器系统、社会系统、经济系统背后的生物学逻辑)。是的,这里的"任何网络",可以是组合成机器的零件网络,也可以是人与人组成的社交网络乃至社会、经济等。

《失控》整本书的提纲挈领,就在第 1 章:人造与天生(The Made and Born)。"自然王国和人造王国正在融合;机器正在生物化;生物正在工程化。"

KK 认为,生命的这种"失控"态的"自然之道"是"人造"的必然未来,而生命本身也将融入人类的技术。未来的他们会互相联姻,达到一个新生物文明(neo-biological civilization)。

长久以来,KK 认为人类的制造技术是一种"钟表工作逻辑"(clockwork logic),但当我们面对那些"复杂系统"(complex system)如细胞(cell)、草原(meadow)、经济(economy)、大脑(brain)时,你会发现那些自上而下的"钟表工作逻辑"有很大问题。必须加上自下而上的"生物逻辑"(bio-logic/the logic of bios)或"生命法则"(the laws of life)。在"生物逻辑"里,有大量以下特征:

- 自治 autonomous;
- 自组织 self-organization;
- 自我维持 self-sustaining;
- 自我完善 self-improving;
- 自我复制 self-replication;
- 自我管理 self-governance;

- 有限自我修复 limited self-repair；

- 适度进化 mild evolution；

- 局部学习 partial learning

……

这些很神秘的"self"的背后是什么，也是 KK 全书在讨论和思考的。

KK 认为，"生物逻辑正在被引入机器，同时技术逻辑也正在被引入生命"，"某一天，所有结构复杂的东西都被看作是机器，而所有能够自维持的机器都被看作是有生命的"。当以上两者都具备"生命属性"(life likeness)时，KK 将这些不管是人造的还是天生的(或有机的)，统统叫作"活系统"(vivisystem)。由此，KK 作为一个科学记者，对这个大统一的仿生学前沿(unified bionic frontier)进行了前瞻性的预判，在后续章节中陆续描述了来自不同领域(超级跨学科)的"活系统"。与互联网有直接关联的是第 2、11、12、13、16 章，个人认为第 14、17—24 章是本书的精华所在，在这里真正进入了"高潮"。

KK 认为，大自然还是一个"文化基因库"(meme bank)，是一个创意工厂，蕴含着后现代隐喻(postmodern metaphors)。对新生物文明来说，摧毁一片草原，毁掉的不仅仅是一个生物的基因库，还毁掉了一座蕴藏着各种启示、洞见和新生物文明模型的宝藏。从这个角度，KK 赋予了"环境保护"新的意义！

KK 举了一个生动的类比："奶牛和胡萝卜是跟蒸汽机和火药一样的人类发明。只不过，奶牛和胡萝卜更能代表人类在未来所要发明的东西——生长出来而不是制造出来的产物。"因此，这是一个悖论：当我们未来将生命法则——"神律"赋予机器时，就必然丧失了对它的控制，因为"自己是生长出来的"，它的"长"又是"失控"的！所以我们"将不再完全拥有自己最得意的创造物"。

对 KK 来说，一个"失控"的未来人造世界，是最美妙的结局！

介绍到这里，相信你对《失控》这本书在探讨的话题，有了一个大致的了解。我经常用一张图来概括全书：

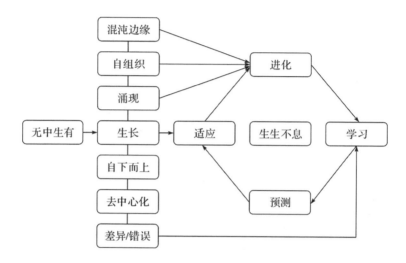

一个"活系统"，或者说一个"生命系统"（可以是细胞、企业、社会组织、经济系统……）如何经历三个阶段：首先是如何"无中生有"，生存下来，其次是如何慢慢健康"长"大，最后是如何能"生生不息"，在学习、预测、适应中不断进化。

突然，你会发现，KK 不就是在思考老子的"道"的三段论吗！

- **无中生有**　　　道生一
- **系统生长**　　　一生二，二生三，三生万物
- **生生不息**　　　周行而不殆，可以为天下母

我发现《失控》里的这些思考，可以全面应用到"企业组织"，因为任何的企业组织，也会经历这三个过程。大型互联网企业，包括 BAT，超

过一万人甚至十万人的时候，创始人最大的苦恼，就是如何"生生不息"。阿里要活 102 年，IBM 要学会"大象也能跳舞"。一个企业组织，在不同的阶段，都能应用到"生物学逻辑"。尤其在当今外部迅速变化的环境下，企业与外部的客户，已经进入一个"共生"和"协同进化"的阶段。大家常说的所谓"互联网思维"，包括快速迭代、去中心化、给一线员工自主权、C2B 反馈、学习型组织……其实都是在围绕《失控》书中所探讨的组织的"活"性！

企业的"组织基因"，很大程度上，凝聚在"企业文化"或者说"共同价值观"等层面上。所以，你也就能理解，为什么阿里这么强调"使命、愿景、价值观"，为什么阿里的 HR 对招人拥有一票否决权，要筛选具有"阿里味道"的员工。

从"组织行为学"角度来看一个企业的活力，《失控》给了我们三个评判标准：一是创始人的基因活力和质地；二是他的员工的"基因"与创始人的相似性，也就是说，创始人对员工的基因复制能力或影响力或领导力；三是创始人和员工基因的进化、学习、拥抱变化的能力。这些年，《失控》背后的"生物学逻辑"思考，深深地融入了我的企业管理中。

《失控》带给我的另一个层面的思考，是有关人类心智、经济与技术之间的关系。

KK 在 2009 年的日记里写道："星球孕育出生命，生命提升自己以创造心智，心智又提升自己以创造技术，技术再自我提升来创造更高水平的外熵（entropy）。"包括 KK 在《科技要什么》里也提到，技术与生命在某种程度上都是"连续的自我创造"。KK 在很多演讲里，举例了蒸汽船到汽车的技术演变过程，而我好奇的是这种"持续改进"的背后动力。《失控》里也提到了"正反馈效应"，他的提出者——经济学家布莱恩·阿瑟，著有《技术的本质》一书。在阿瑟的观点里，技术→经济→技术，是一个双螺旋自我增强的架构，"经济体会因新技术出现而改变自身的结构"，而技术的进化机制是"组合进化"。所有技术都是从已经存在的技术中被创造出来的，技术也是KK在《失控》里描述的"活"系统。

相对于生物进化，技术进化的组合会更快，而且会呈指数模式增长。人类衍生于"大自然"，当前最大的问题在于人类感觉自己被"技术"不受控制地绑架了，技术的指数式发展与人类自身结构的线性发展相比较，前者的进化速度大大超越后者！由此，当"技术"本身是"活"的东西时，未来的"未知性"成为人类的一个疑问。KK和阿瑟都是技术流派的代表，他们认为人类要拥抱技术，并影响技术，最后要让技术本身获得"有机"性，如同现在我们流行吃"有机蔬菜"一样。

《失控》这本书我是从第1章开始就几乎是全程兴奋地看完的。这本书值得反复阅读，当我第二遍阅读的时候，就进行了摘录和做笔记。从2010年12月27日的第一篇笔记开始，陆陆续续写了一年。一方面是为了把书中自己觉得最精彩的文字做一个记录，另一方面，也希望挖掘一下KK提到的那些书籍、科学家以及一些理念出现的背景和关系。纵观全书所列的科学家们，都是经典且重量级的人物，他们的璀璨思想和对自然的好奇热爱，汇聚成了当今的科学巨厦，融入了人类生活的方方面面，也成为KK探索的渊源。同时，写笔记也是对自己在看书过程中思路火花的一个记录。未来可以时不时拿出来翻阅一下，也许还会有新的idea（想法）涌现。

2013年的时候，我有幸在北京与KK一聚，我也将我的笔记赠予了他！同时也获得了他的签名和鼓励！

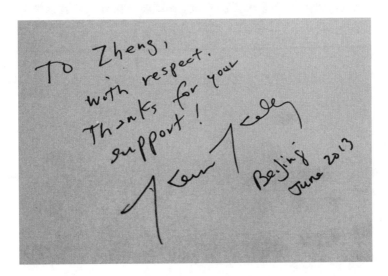

所以，如果你是一个热爱生命，对生命充满了本真的好奇心和探索欲的人，一定会喜欢这本《失控》！

这本书如今在美国的销量要比它当初发行时的销量还要好。

坏消息是，在过了20多年后，我们对于如何使大规模复杂事物运作起来的理解仍然少有进展。我很遗憾地告知大家，不论是人工生命还是机器人技术，抑或是生态学或仿真学领域中，并没有出现新的重大思想。

——KK《失控》中文版序

## ■ 分享人简介：

**郑杰**，树兰医疗管理集团总裁，浙江数字医疗卫生技术研究院常务副院长，OMAHA（开放医疗与健康联盟）发起人，浙江大学竺可桢学院院友会会长。

郑杰也是《颠覆医疗》推荐序作者，《未来医疗》《数字医疗》《深度医疗》译者，曾在网络演讲节目《一席》中演讲《聪明的病人》、TED 中演讲"Future of Medicine"、脱口秀节目《造就》中演讲《如何拿回我们的医疗数据》。拥有多年 TMT、数字医疗、社会资本办医等创业及投资经验。目前致力于推动生命科学的前沿探索、健康医疗领域的"数字新基建"、个人健康医疗数据开放运动及复杂性科学等领域。

## ■ 公司简介：

　　树兰医疗是一家由院士团队发起创办的新型医疗集团，聚合健康医疗服务、医学教育、临床科研、产业科技、信息技术、投资孵化等六大板块。集团响应"健康中国"战略号召，以"探索生命本质，呵护人类健康"为使命，积极引入高端医疗资源，提供"三高四化三满意"医疗服务，助力国家医改，满足群众多元化医疗需求。目前旗下医疗机构包括树兰（杭州）医院、树兰（安吉）医院、树兰良渚国际医学中心（筹）等。

　　树兰医疗集团积极进行大生命科学领域的科研、创新和孵化，培养以健康医学为核心的跨学科人才，面向"生物、医学、工程、信息"的跨学科交叉趋势，构建"临床、科研、教学、产业"四位一体的生态闭环，拥抱人类的下一个浪潮——生物经济时代的到来。

**◆ 高峰按：**

在我的印象中，郑杰是中国解读凯文·凯利《失控》一书最深刻的人之一，他为此曾经写过 10 万字的读书笔记。《失控》不是科幻小说，但它如此超前，以至于出版 20 多年后的今天，影响整个科技界发展的前沿理论依然有许多来自其中。《失控》一书是 KK 对于生物学、组织学、经典物理、复杂理论、遗传基因等众多学科领域思考的汇总，通过这本书你能进入作者的多线程思考轨迹，试图去拼凑这个复杂世界之下的底层逻辑。KK 通过对自然界的观察和对生物学发展的追溯得出了该书最重要的结论：分布式系统、并行计算、网络效应、进化以及在此基础上形成的活系统都遵循一个共同的生物逻辑，即无中生有—自然生长—生生不息。理解了这一点就理解了这本书真正想要传达的理念——"失控"，"生物逻辑"将会统治世界，有"分布式结构"、能进化的系统将会成为世界发展的趋势。

孙雷：

人生在世，如何成事？
——读《成事》

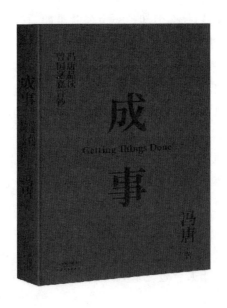

　　我给大家推荐的书是读后觉得很有共鸣的《成事》。《成事》是冯唐以梁启超编选的《曾文正公嘉言钞》为底本，从现代管理的角度进行品读后所著的书。每个人不管是否是通俗意义上的管理者，都无法避免"管理"这个话题，我们需要管理自己的身体、情绪、时间等等。而作为一名带领团队完成共同使命的创业者，对事务的管理和对团队的管理更是必须学习和修炼的本领。对事务的管理主要围绕解决问题展开，包括了信息收集、逻辑推理、流程机制、解决方案等方方面面。对团队的管理包含了思想、规则和文化。所以，管理是每个人一生都要面对的日常课题，其中的智慧与奥秘是需要一生修炼的。就比如在我们所处的这个时代，科学技术的高速发展，各种商业环境、基础设施的逐步完善，使得在移动互联网时代推出一个产品变得越来越容易，但是要管理好一家公司，使其蓬勃生长却很难。这一点我在与其他行业的创业者交流时感触也同样深刻，大家在做着完全不同的事情，可是面临的很多境况和问题却无比相似。

　　管理不是一门硬核科学，但却是一个公共难题，在不同人眼里有着不同的认知，这些认知的差异又进一步引发了大家选择路径的差异。每个人最喜欢的或最高效的获取知识的方式不同，有读书、求学、问道、内省等等，不一而足。对我来说，我更喜欢一个人细细品读一些高度凝练的思想和话语，在脑子里一层层地追问并自答，这个过程中自身的很多现实经历会帮助你形成自身的观点。

　　如果你也是这种类型的人，那么《成事》一书还是非常推荐的。曾国藩一直是管理话题里的热门人物，他为师为将为相、立德立功立言，所著文章也都是围绕着如何成事展开，提供了前无古人、后无来者的方法论和修炼法门。正如作者所言，《成事》一书抵制了试图总结归纳的诱惑，保持了梁启超编选的顺序，和《论语》一样，在任何一页读起或停下都不会影响阅读体验。这样的文字处理方式让人读过之后，自然有自己的总结归纳，正是我喜欢、享受的阅读乐趣。

　　在这里我分享一二，对自己很有启发、能时时拿来自我检查的思考。

　　"锐气暗损，最为兵家所忌。用兵无他谬巧，常存有余不尽之气而已。""气"就是精神，所谓的团队有锐气，就是团队有强烈好胜心和欲望。带团队其实没有太多技巧，最重要的一点是要让团队有绵绵不尽的心气儿。胜不骄、败不馁，永远不可抑制地跳动着要争取更大胜利的好胜心。如果一些事情让团队的心气儿潜消暗损，没了斗志和动力，那后果就无法想象。灌输一次鸡汤，只能激昂一时斗志，更为关键的是让团队长久地保持心气儿。锐气暗损，最为兵家所忌，但也确实是兵家最常见的。在我们这个时代，创业的道路上会面对非常多的诱惑，有很多似是而非的机会，加之前面提到的，推出一个产品的门槛又特别低，所以"快速试错"被很多创业者常常挂在嘴边。快速试错是一种策略，但我们一定要对其本质和优缺点有清醒的认知和把握。

　　"军事不可无悍鸷之气，而骄气即与之相连；不可无安详之气，而惰气即与之相连。有二气之利而无其害，有道君子尚难养得，况弁勇乎。"这段话是曾国藩写给胡林翼介绍自己的带兵经验：冲锋第一线的都是普通人，也都有缺点。这段话也进一步点出了成事之难。成事要求具备的素质在很多时候是矛盾的，这种矛盾往往要靠长时间的修为和心性磨炼去化解，去维持微妙的平衡。比如，带兵打仗的人一定要有彪悍凶猛的气质，开疆拓土，攻城略地，杀伐决断，万马千军中取上将首级，在求胜和得胜中汲取成就感和价值感。但悍鸷之人，求胜得胜的次数多了，难免有骄气，不知天高地厚，渐渐盲目自大。因此，带兵打仗的人一定要有安定从容的气质，才能长时间坚忍耐烦，协调各种复杂的关系。但是平和之人，平稳处事时间长了，往往又会滋生惰气，安于现状，随遇而安。做事悍鸷而又平和，同时又规避掉悍鸷和平和的弊端，实在是一件极其困难的。

正如前面提到的，《成事》通篇都是这种片段式的品读，但却能引发我非常多的思考，反思自己过往的很多决策行为，审视自己当下的心境状态。如果对你来说这也是一种高效的学习方式，那推荐你一读《成事》。

## ■分享人简介：

孙雷，如涵控股（美股，RUHN）联合创始人、CEO。本科就读于浙江大学混合班，研究生毕业于浙江大学计算机学院。求学期间即开始创业的连续创业者，早期主要在通信行业，围绕运营商开展数据产品开发、信息系统搭建、增值服务等业务。近十年在电商行业连续创业，创办了 DM《优邮》杂志及 YOYO 网，2014 年开始转型红人电商业务，是国内网红经济最早的一批创业者。

## ■公司简介：

　　如涵控股是中国领先的网红运营商，是中国网红经济的开创者之一，在发展过程中获得赛富、君联、启明、钟鼎、阿里等多家知名投资机构的支持。并于 2019 年 4 月成功登陆纳斯达克，成为中国网红电商第一股。

　　公司目前旗下有近 200 位全约红人，在公司成熟的孵化体系帮助下，全网覆盖两亿粉丝。同时，公司搭建了完整高效的商业变现体系，包含自营业务、联营业务、轻店铺、品宣广告、电商直播等多种业务形态，一方面可以满足不同红人的商业变现需求，另一方面也可以满足不同品牌商家的营销服务需求。

### ◆ 高峰按：

　　为师为将为相、立功立德立言，在成事上，曾国藩可谓可圈可点。孙雷精读的《成事》一书，以梁启超编选的《曾文正公嘉言钞》为底本，讲述了曾国藩的成事方法论，所谓"正人先正己"，要想成事、要想管理好人，首要的是先管好自己，只有自己克服了心魔，才能带领团队，成事、持续成事、持续成大事。正如孙雷所说，《成事》是一本适合所有创业者和企业管理者阅读的书。

# 张洁:

## 成就有意义的人生
### ——读《苏世民: 我的经验与教训》

黑石创始人、投资业界大佬苏世民(Stephen A. Schwarzman)的新书《苏世民:我的经验与教训》一经推出即受到各方称赞,马云、周小川、瑞·达利欧等纷纷写序推荐,红杉中国创始人沈南鹏还专门在疫情期间连线作者,直播对话,倾力推荐。作为一名"十五年陈""浙大系"连续创业者和天使投资人,读这本创业故事特别令人心有戚戚焉。以下是对我特别有启发的八个方面。

## 创业维艰

全书开头的一部分就讲到了,当年年少时功成名就的苏世民和联合创始人为何离开了待遇优厚的业界金字招牌雷曼兄弟,自己进行募资,怎样一次又一次吃闭门羹,在雨里被淋成落汤鸡,甚至开始怀疑创业是不是个天大的失误。但是苏世民还是用举重若轻的幽默语气回忆当年创业的艰难之处,尤其是屡次三番被拒绝、被投资人打击、被客户冷落。对于创业者来说,这些都是家常便饭,不同的是,优秀的创业者能够用一种幽默而具有韧性的方式回应,并且继续坚持下去。我们所投资的最优秀的 CEO 往往也有"打不死的小强"一样的强大生命力,并且具有大佬同款的幽默感。

## 承认并复盘错误

及时承认错误并且复盘,避免下次的失败,也是苏世民在书中反复强调的一点。虽然我平时经常开玩笑说"人类愿意做任何事情来避免真正的思考,因为思考是痛苦的"。但创业者们本身就要经常自省,因为创新本身往往伴随着错误甚至失败。如同那句公元 10 世纪哲人的话"Good choices come from experience but experience comes from bad choices"(明智选择来自于经验,但是经验来自于糟糕的选择)。很多时候,创业本身就意味着不断地试错,及时认错,及时复盘,尤其是尽量真实客观地看待事物并正确地归因,提升自我认知,这样才能够带领团队走得更远更稳。

## 有效开会

以互联网公司为代表的科技公司需要经常开会,而且要求大会小会随时沟通。苏世民在书里也提到了有效开会的重要性和具体的指导法则。除了他提到的方法,我们自己在工作中亲测有效的方式有"两张比萨会议法则",该项原则源自于硅谷,大意是一场重要核心会议的成员应该可以用两张比萨喂饱,根据大家的食量大小,一般与会人员控制在四到八人最为合适,超过这个人数往往就无法做到每个人都可以充分讨论。另外,会议之前充分沟通,达成初步认同非常重要,会议之前的会议更为重要,正式的会议往往更多承担传达信息和同步进度的作用。最后,会议必须将任务分配到人,且每次会议需检查并核对上次的任务进度,及时核验和追责以及表扬和奖励,才能以奖惩分明的手段更好地管理团队。

## 培养新人

苏世民说:"前途无量的年轻人,是黑石的未来。"培养年轻人,搭建强有力的团队,是成功的创业企业的核心动力引擎。我们从 2005 年创业开始,就特别注重企业的招聘、培训以及企业文化的建立。尤其是从 2014 年以来,校园招聘是我们招聘工作中的一个重点,能够从最优秀的高校中选中潜力巨大的年轻人才,并为我所用,也是我们能够一直保持高速成长的人力资源基础。我个人每年也会和人力资源团队一起走进祖国南北的各个名校,与同学们面对面交流介绍我们的企业文化和愿景,回答他们关于产品和个人发展的各种问题。对于招募进来的新人,我们也提供"头狼计划""袋鼠计划"等针对新人的培训,帮助新人快速成长,所以我们作为一个平均年龄为 27 岁的团队所呈现出的战斗力和活力,是我们这个团队的制胜法宝。

## 激励团队

既然本书书名提到了"经验与教训",苏世民也在书中提及他诸多的遗憾,比如因为团队激励问题,核心团队之一出走黑石并成立了后来的黑岩(Black Rock)。马云有句话,团队成员离开只有两个原因:钱没给够或者伤心了。苏世民自己也反思,如果当初答应了团队的激励计划并且执行,原本黑岩是可以不用从黑石里面分离出去的。所以,对于创业团队来说,建立合理并且有弹性的激励计划来促进公司发展是非常必要的,用中国的老话来讲就是"财散人聚,财聚人散"。优秀的团队成员,最终一定是要获得他认为值得的回馈,比如足够的股份或者分成,才会使他有长久的动力创造价值。

## 关心家人

"作为家长,你一方面要努力工作,取得事业成功,另一方面还要陪伴家人，关心孩子的精神世界，两者需要平衡。身处其中，你不知道自己做得好不好，因为多年以后才能看到结果。回顾我 60 岁的生日之夜，那些跟我最亲近的人对我的记忆，我觉得自己做得不算差。"苏世民书中的这一段，相信很多创业者都和我一样有深深的共鸣。作为创业者、创业者家属和两个可爱孩子的母亲，我很多时候也会感觉陪伴家人的时间不是很多。但是我想，虽然像我们这样的创业者，给家人、给孩子的绝对时间可能比不上朝九晚五的工作族，但是我们也可以提升陪伴的质量，在他们的特殊日子特别出现，还有在可以携家带口的场合带他们一起分享我们的特别时刻。比如我们一家四口加上阿姨都去参加了公司在深交所的上市敲钟仪式，虽然孩子们还小，还不能完全理解这个时刻的含义，但是它会永远作为我们这个创业家庭美好记忆的一部分。平时我们也会经常带着孩子们和我们投资的 CEO 们一起交流，他们开玩笑说我是"创业从娃娃抓起"，我想。对于孩子们来说，一方面他们可以更多地看到父母的工作，看到父母如何为社会创造价值，另一方面也可以尽早接触到科技和创新，这会对他们未来的学习和职业提供更多的启发。

## 上市，新起点

苏世民在书中讲到了公司上市带给他的感受以及上市之后几乎没有改变的工作节奏。我们自己的创业公司"每日互动"也在 2019 年 3 月 25 日上市深交所，至今也一年有余。对比上市前后，变化的是我们的企业成了更加能够吸引人才的平台、更知名的品牌、更多合作方主动寻求的合作伙伴，不变的是我们激情而忙碌的创业工作，每天勤勤恳恳奋战在科技创业前线，致力于让数据智能赋能各个行业。我对我们投资的"花姐家的 CEO 们"的寄语也是"做到企业上市，是创业的高光时刻，但也是新起点，希望你们有朝一日敲钟之后，还是要老老实实干活，踏踏实实搬砖"。

### 教育是链接世界的力量

苏世民此书的最后一个部分讲述了建设苏世民书院的缘起和筹备工作。作者用风趣的口吻说,因为自己到处为书院募资,很快成为派对上最不受欢迎的人。他不只是自己捐助,还找到软银的孙正义、桥水基金的瑞·达利欧等业界巨擘捐助,大佬们纷纷解囊相助,因为大家都认为:"教育是通往更加美好生活的阶梯,良好的教育能够改变受教育者的人生。"苏世民建立自己影响力的最初尝试就开始于在哈佛读书时候的社团活动,我们这个来自于浙江大学的创业团队当年也是因为创业社团 ASES(亚太地区学生企业家精神协会)走到了一起的。商业大佬们功成名就之后往往投身教育,是因为教育正是可以最大限度放大影响力、提高全社会福祉的事业。

**附录:**

## 苏世民带领黑石走向巅峰的十大管理原则

1. 坚持成长就要不断提出问题,预测事件,审时度势,主动寻求进步和变革。

2. 优秀的企业文化兼具规模优势和小公司的灵魂,员工可以自由表达想法。

3. 不断创新,才能永远不被淘汰。

4. 为了取得成功,你必须有勇气打破边界,进军自己无权进入的行业和领域。

5. 谨慎做出决策:每一个微小的行为都有可能对其他人造成深远的影响,无论好坏。

6. 对企业进行精英管理,追求卓越、保持开放、坚守诚信,并竭力聘用拥有同样信念的人。

7.创业的三项基本测试：你的设想必须足够宏大，企业的产品或服务应该是独一无二的，时机必须是正确的。

8.企业的一切要素都相互关联。企业如果要取得成功，那么每一个部门既需要独立运转，又需要与其他部门顺利协作。系统中任何一环出现问题都有可能造成亏损或破产。

9.创业的重要结论：创立和运营小企业的难度和大企业相差无几。一个企业的创立，无论规模大小，都有一个从无到有的过程，你会承受相同的经济负担和心理压力。筹集资金并找到合适人才的难度也同样大。在同样的困难和压力面前，要确保创业成功，唯一的办法就是全身心地投入。

10.企业"八九十"人才观：得8分的人是任务执行者，得9分的人非常擅长执行和制订一流策略。如果公司都是9分人才，就可以获得成功。但10分人才，无须得到指令，就能主动发现问题、设计解决方案，并将业务推向新的方向。10分人才能够为企业带来源源不断的收益。

## ■分享人简介：

**张洁**，华旦天使投资董事、CEO。余杭区政协委员、九三学社副主委。毕业于浙江大学竺可桢学院2002级文科班，华旦涌泉基金发起人，梦想小镇湾西加速器创始人，获评2013年度浙江省优秀天使投资人，2015年杭州十佳创业导师，2017年大学生创业者喜爱的十大天使投资人，2017杭州众创十佳创业导师，2018浙江优秀天使投资机构（人）10强。曾被《纽约时报》、《法兰克福汇报》、CCTV《焦点访谈》等国际国内媒体报道，曾任CCTV2《创业英雄汇》投资人评委，现已成功投资创业项目30余个。

## ■ 公司简介：

　　华旦天使投资是专注于移动互联网 TMT（科技、媒体和通信）早期投资的天使投资基金，总部位于杭州梦想小镇湾西加速器（梦想小镇首批国家级众创空间，由浙大系连续创业者方毅、华旦天使投资张洁联合发起）。华旦天使于 2014 年、2018 年分别获评浙江省优秀天使投资机构（人），目前已管理基金规模近亿元人民币，已投资项目 30 余个，涉及智能硬件、社交、医疗、教育、旅游等多个领域，华旦天使投资深入本地及海归创业者，秉承"教练式孵化"理念，投资并帮助创业者完成快速成长，其中绝大多数项目均在一年内完成下一轮融资。

### ◆ 高峰按：

　　对于身兼投资人、创业者、母亲等多重标签的张洁来说，投资、创业与生活之间并没有太明显的界限。多年的创业和投资生涯让她形成了独有的投资逻辑和投资经验，亲眼见证从零到一创办的企业敲响上市的钟声，让她更加懂得创业者一路上的不易。活跃在"浙大系"创投圈一线的她，对苏世民在追逐有意义的人生的道路上获得的经验与教训给予了深度解读，这对于广大的创业者来说也是一笔不可多得的财富。

# 陈博：

## 达成合作
### ——读《合作的进化》

　　我给大家推荐的是美国作家罗伯特·阿克塞尔罗德（Robert Axelrod）的著作——《合作的进化》。这本书我已经读过很多遍，觉得非常经典。它给我带来了很多思考，所以我想把这本书推荐给大家。

　　作者罗伯特·阿克塞尔罗德是密歇根大学政治学与公共政策教授，美国科学院院士，著名的行为分析与博弈论专家，因其在博弈论和复杂性理论上的基础性突破而广为人知。阿克塞尔罗德是把计算机模型运用到社会科学领域的权威学者，还著有《合作的复杂性》等著作。

　　《合作的进化》一书是行为领域的经典之作，主题是合作的产生和进化。作者以组织的两轮"重复囚徒困境"竞赛为研究对象，结果发现在两轮竞赛中胜出的都是最简单的策略："一报还一报。"这一策略简洁明晰，具有善良性、宽容性、可激怒性和策略性，其在博弈和竞赛中的出色表现为我们了解个人、组织和国家间的合作产生和进化提供了积极的前景，其结论在社会科学的诸多领域产生了深刻影响，并被广泛征引。

　　本书想要解决的问题是什么呢？在书中第一段即做出了说明：在什么条件下才能在没有集权的利己主义者之间产生合作？在当下，小到个人，大到国家，既存在冲突矛盾，也有合作共识。总的来讲，不管是冲突还是合作，都是利益所导致的，冲突是因为相关的某一方或者双方都认为自己的利益不能得到满足，合作是因为双方都认为可以获利。表面上看来，合作会带来利益，合作自然是好的。但是，在某一次策略当中，背叛可能会带来更多的利益，在这样的利益驱使下，合作就变得艰难了许多。甚至，双方不再合作，只有冲突，虽然大家都知道只有合作才能带来最大的利益，但是由于猜不透对方的想法，谁也不愿意在合作的时候因为对方的背叛而发生利益损失。那么，如何才能够较好地解决这样两难的问题呢？如何选择合作还是背叛？如何带来利益最大化？什么才是最佳的合作策略？这既是我们在合作中面临的问题，也是本书解读的重点。

　　众所周知，作为社会的一分子，只要参与社会化生产就不可避免地参与社会合作。不管你愿不愿意，没有谁可以脱离社会而独立存在，即使你脱离社会隐居深山，也离不开社会化的影响和恩泽。

　　作为创业者，我们也是一样的。我们一定会与股东进行合作，与投资人进行合作，与员工进行合作，与客户进行合作。合作对于创业者来说是每天都需要进行的事情，也是非常重要的一个环节。如果合作得好，那么企业就会快速发展、蒸蒸日上，如果合作得不好，那么很可能会给企业带来很大的灾难。

　　那么对社会中形形色色的人，要如何进行合作呢？是不是只有与自己信任的、喜欢的人才能够合作？如何避免社交与合作恐惧症呢？答案就在《合作的进化》这本书里。这本书通过一系列的实验告诉我们合作是如何产生的，告诉我们不同的合作策略会导致什么样的结果，通过一次次实践进行推导，最终得出了最有效的合作方法。至于这个方法具体是什么，我在这里给大家卖个关子，希望大家可以自己去书里找到答案。

　　这本书让我喜欢的原因是，它和我的一些期待不谋而合。未来，所有合作关系的首要，都是发源于自律。以善良为出发点，去接受和巩固人与人之间的社会化、合作化关系。事实证明，只有公平，才是最大的合理。虽然在合作中看似事事要担待一步,实则赢取的是更加深远的名誉和未来利益。

在这本书中,作者分析了很多常见的策略。但其实通过科学实验之后却发现,很多策略并不实用。在此我举几个例子给大家简单解读一下。

第一,狡猾策略(sneaky)。这个策略的结果在所有实验的策略中仅仅排名第12。也就是说,在与别人合作的过程中,偷奸耍滑或许可以在短期内产生好处,但是长期来看并没有任何优势。

第二,不"宽恕"策略(not forgiving)。这一点是很多人经常会采用的方式,一旦合作伙伴或者朋友做错了一件事,你就会彻底否定他,永远都不宽恕他,甚至狠狠地惩罚他。但是这个策略在所有策略中也仅仅只排名第7。

第三,随机策略(random)。这是大部分人最普遍的做法,同时也是表现最差的一个策略。现实中很多人做事都是很随性的,遇到不同的情况、不同的合作对象,大多是一拍脑袋随性想一个策略。不仅在合作方面如此,有的人炒股票也很随机,自己没有想法,听风就是雨。但是科学实验却告诉你,随机策略是最差的策略。

那么什么才是真正好的策略?我觉得最重要的一点就是这个策略要激发双方的合作意识,并且是坚定的合作意识。所以首先就是要表明自己的态度:我是希望合作的,我也不会去坑你。但是同时如果你坑了我的话,你也一定会受到惩罚。这是在为人处事以及创业过程中很重要的一点。在创业的过程中千万不要制造矛盾,而是要制造合作互信的机会和氛围,并且能够让对方理解你的立场。

其次,要有宽容心。千万不要因为一件事情而把一个人全盘否定,而是应该就事论事。虽然这个人可能确实犯了错误,可能对你造成了伤害,但是这个惩罚并不需要是持续性的,可以给他适当的惩罚,以及一个改过自新的机会。这就如同现在社会主流的法律一样,一个人犯了错会受到法律的惩罚,可能会坐牢。但是当这个人在接受完惩罚重新回到社会上之后,社会以及民众应该学会宽恕他,不应该用异样的眼光看待他。

　　除此之外，还有一点很重要，就是不要计较眼下的每一次得失。一个好的策略，并不是永远不吃亏，也不是永远都赚得最多。好的策略实际上是为了整体的长期收益。在创业过程中也是如此，如果就每一个单点事情去讨论它的得失，那么对结果一定经常会误判，之后做出很多短期和愚蠢的决定。但是一旦有了非常明确的长期策略和非常稳定的方法论之后，可能就不会过多在乎小的起伏，不会在乎某一个单点事情上的得失，而是会看得更加长远，想得更加长远。

　　在商业合作中，这本书中涉及的各种道理都是非常有用的。有了科学理论的支撑，在做人生决策的时候就会变得容易多了。在创业过程中会面临各种决策，一旦想清楚了，有了理论的支持，就不会容易犯错了。相反，如果是随机针对每个问题进行探讨，那么做决策的效率就会变得很低，也会容易犯错。我在创业早期，做决策也是非常随性的。但是十几年过去了，我现在越来越相信方法论，越来越认可稳定策略的重要性。不管发生什么情况，我都有属于自己的宏观思考框架和决策策略，之后在稳定的大的策略前提下进行判断，这样很多事情就会容易多了。

　　虽然本书内容是科学理论的推导过程，但是书中的理论可以应用到生活、工作、事业的方方面面，也可以很好地进行印证。这本书在初读的时候可能会有些晦涩，因为内容过于理论性，没有理工科背景的创业者读起来可能会特别困难，但是我仍然建议大家可以去尝试读一读，最好可以反复多读几遍，一定会觉得茅塞顿开，每阅读一遍都会有新的感受，它很有价值。

　　不仅是这本书，我觉得好的书都值得反复阅读。因为随着时间的推移，自己的心境和想法都会有新的变化，对很多事情的认知都会有所提升。所以每次重新读一本书，都会有新的收获。这个好习惯的养成还要感谢我的大学老师。我读大学的时候，第一本专业书就是 *The C Programming Language*，翻译成中文就是《C 语言》。当时大学老师就告诉我们，这本书值得每年读一遍，随着自己对计算机程序设计的理解不断提升，每次读这本书的感受都会不一样。后来我发现确实如此，每次读完这本书之后都会有新的理解。

再比如 2020 年 3 月通用电气集团 CEO 杰克·韦尔奇去世之后，我又重新读了他的著作《赢》。十几年前我就读过这本书，但是当时读完之后我就处于一知半解的状态，对内容理解得比较粗浅。但是过了十几年之后，当我重新读这本书后，发现对这本书的认识变得更加深刻了。书中的很多真知灼见在第一次读的时候完全感觉不到，觉得很稀松平常，甚至觉得有点无聊无趣。但是等我再次读了之后发现原来这本书真的蕴藏着宝藏，让我有了不一样的认知。

《合作的进化》这本书也是一样的，读第一遍的时候很可能读不懂，但是过一段时间之后再读，思想境界就会有一个很大的提升。这也是我的读书方法：越是经典的书越值得反复研读，只有这样才能体会到书中的魅力。

## ■分享人简介：

**陈博，**妙聚网络科技有限公司董事长、乐港创始人、游侠汇创始合伙人。毕业于浙江大学计算机系，连续创业者，知名投资人。著名游戏制作人，主创的《热血三国》系列游戏是中国网页游戏的开山之作，同时也是中国策略游戏的代表作品，远销全球 20 多个国家和地区，总用户超两亿，总流水超 30 亿，12 年来经久不衰。

过去五年，陈博领导的游侠汇创投积极布局文化产业，先后投资绝地科技、圣剑网络、众策文化、达趣科技等知名企业，单项目回报最高超过 100 倍，整体实现五年十倍的回报率。

## ■公司简介：

妙聚网络科技有限公司成立于 2013 年，是一家以互联网文化传媒为主业的科技公司。公司由招商局资本和电广传媒共同投资八亿元。2019年已收购韩国KOSDAQ上市公司。

公司旗下拥有"妙聚游戏""优思行""07073"三大品牌。总部位于中国杭州，在北京、上海、广州、深圳、成都、沈阳等地拥有分支机构，在新加坡设有海外总部，并在首尔拥有一支运营团队。

公司以"点滴快乐，妙聚于心"为理念，积极推动游戏的全球化发展。陆续成功推出《热血三国》系列、《皮皮虾传奇》、《神兽养成记》等多款知名游戏。妙聚将围绕优秀IP，打造小说、电影、游戏、动漫等文化产品体系，依托"IP"联动，塑造全球经典的中国品牌。

◆ **高峰按**：

　　在以网络化、开放化、共享化为特征的新经济时代，没有一个社会个体或商业组织能脱离社会化协作而独立存在。借助于"合作"的力量，组织的建设者和管理者可以收获更强劲的团队凝聚力，人类社会可以达成更大化的长期利益。对陈博来说，十余年的创业经历和商海实战让他更加坚信做一个着眼于长期利益的"融合共生者"更能带来物质上的丰盈和精神上的愉悦。着眼未来，重建合作精神，不断促进合作行为的进化，这是《合作与进化》这本书给我们带来的重要启示。

# 方琴:

## 六大影响力心理学的创业应用实践
### ——读《影响力》

　　《影响力》的作者是"影响力教父"、著名社会心理学家、全球知名的说服术与影响力研究权威罗伯特·西奥迪尼（Robert B. Cialdini）。为什么有些人极具说服力，还有些人稀里糊涂就顺从了别人呢？隐藏在冲动地顺从他人背后的六大心理秘籍，正是这一切的根源。《影响力》这本书本质上是一本通俗心理学著作。作者告诉了我们跨越肤色、民族、国家的六大通用心理学原理，深入浅出，既解释了原理，又有大量案例。书中包含以下原理：

　　1. 互惠原理：互惠带来的亏欠还债感使我们在接受了别人给予的好处之后尽可能地回报他人。

　　2. 承诺一致：人人都有言行一致的愿望，一旦做出一个选择或者采取某种立场，我们就会受到来自内部和外部的压力，迫使我们按照承诺来做。

　　3. 社会认同：在判断何为正确时，我们会依据别人的意见行事。

　　4. 喜好：由各类喜好诱发的好感会使我们自然而然地顺从。

　　5. 权威：从出生起，社会就教我们服从权威。

6.稀缺：机会越少见，价值似乎越高。

我很喜欢《影响力》这本书。主要的原因是世界太复杂，如果没有人帮我们总结一些通用的处事法则，那每天都有可能不知所措，因为作为创业者，每一天遇到的每一个人、每一件事儿都是不同的。我很希望能够运用一些规律、通用知识和原理帮助我化繁就简，以不变应万变。

有人把它当作营销书籍，有人把它当作"蛊惑"之术。知识本身没有善恶，关键在于用的人是谁。自私的人用它来谋求私利，善良的人用它来为世界做更多贡献。我想大部分的创业者如果想要创业成功，确实都需要让自己变成更有影响力的人。心存善念，掌握影响力的原理和技巧就会让我们如虎添翼。

在启动衣邦人项目时，我已阅读此书三遍了。来说说《影响力》对衣邦人经营的帮助吧。

对于衣邦人来说，当我们搞定高效可靠的供应后，最难的事情是如何让消费者相信衣邦人。毕竟不像成衣，客户看到衣服试穿满意后再一手交钱一手交货，定制服装需要客户先交钱再等待收货。离开信任，何谈成交？

还好，我读过《影响力》，记得喜好原则，这让我们一开始的天使用户寻找之路比较顺利。我找到了杭州浙大校友会，当时杭州浙大校友会的公众号有一个栏目叫校友团购，就是为创业校友服务的，但因为粉丝基数不大，之前的团购业绩都很一般。我花了两周准备内容，包括：邀请了浙大校友也是我的同级同学方毅担任模特；写了自我介绍和创业的初心与梦想；上门定制西装的产品质量和服务特点、性价比对比；也给出了很大的校友团购优惠折扣。虽然这篇文章一开始只有1200的阅读量，但我们却收获了108位校友的上门定制预约。说实话，浙大校友把对母校浙大的爱移情到了对浙大学妹创业的支持上。除了履约，我们在上门量体服务环节注重让客户主动分享朋友圈，因为我们说再多遍"衣邦人好"，也不如客户说一句"衣邦人好"，这让我们获得了早期种子客户信任关系的快速传递。也记得，一个月内的 108 个预约,最后变成了 500 套定制西装的销售量。在之后的营销策划中,我们多次应用了喜爱原则。比如用特斯拉作为交通工具提供上门服务,吸引了很多特斯拉粉丝;比如鼓励客户晒单。慢慢地,衣邦人就变成了广受客户喜爱的服装定制平台品牌。

还有一个是书中提到的互惠原则,对衣邦人业务模式设计和售后服务政策制定方面也起到了很大的指导作用。比如,在衣邦人之前,上门给客户量体选面料需要付出人力成本和交通成本,大部分定制商家都选择先让客户付费再安排员工上门服务,而我们觉得应该先由衣邦人付出。根据互惠心理学,大部分客户看到我们辛苦付出在前,都会选择定制服装。事实证明这个变化意义巨大,免费上门量体服务成为很多客户选择衣邦人的第一理由,我们把这个服务迅速从杭州扩展到了全国一二线城市甚至部分三线城市,上门成交率从来也没有低过 92%。在之后的售后服务环节中,我们也运用了互惠原理。即便客户定制衣服后在半年内身形出现了变化,我们仍然为客户提供一次免费的售后服务。365 天无忧售后服务政策的推出,虽然使公司售后服务的成本略有提高,但更大程度提高了客户的主动回购率。

社会认同方面的应用当然也有,比如我们在 2016 年给预约提交页面增加了计数器,告诉客户已经有多少人预约过衣邦人的上门定制服务。后来发现,虽然数据量很大,但转化率不够,我们又增加了一些限定人数、限定时间的优惠活动来提高转化率。

和供应商的合作方面,承诺一致和互惠是我们对自己的要求,由此也换来了很多供应商的真诚支持和共同进步。当然,创业公司在起步阶段很难准确估计订单量,我们甚至会说明我们是如何设定目标的、有哪些风险因素、哪些风险由我们来控制、哪些风险需要供应商理解并承担,当然合作过程中我们会形成并保持有节奏的沟通机制。由此我们逐步建立了高品质的大规模定制服装供应体系,从接单到客户收到衣服的周期能够稳定在 10 天,定制服装的品类也从商务正装西服拓展到了商务休闲装及配饰。

当然，这都是影响力原理正面应用的机制。我相信，有些居心不良的人会想利用心理学武器去干坏事，比如利用了社会认同、稀缺、承诺一致等心理学原理把 8000 元的培训课程卖给月薪 3000 元的保洁员，刷爆她的信用卡，但这是非常不善良的行为。所以，我提倡所有善良的普通人也应该阅读《影响力》，起码可以避免轻易掉进推销员的陷阱。

在正常情况下，促使我们做出顺从决策的几个最常用的信息，都可以引导我们做出正确的决策，这就是为什么我们在决策时频繁地使用互惠、言行一致、社会认同、喜好、权威以及稀缺原理。但在现实中，一些信息会被别有用心的人利用，他们借此引诱我们做出本能的反应并从中获利，我们不得不防。

我们应当在心中装有"社会良知"的天平，通过努力学习和训练提高自己的影响力，也可以用一些原则来更好地设计业务模式、服务政策、促销方案以及广告创意，但绝不可以利用影响力法则滥用虚假信息来诱导他人。

## ■ 分享人简介：

方琴，衣邦人创始人、董事长兼 CEO，杭州贝嘟科技有限公司董事长、首席执行官，杭州骄娇服饰有限公司董事长、总经理。1999 年进入浙江大学，2003 年获计算机科学与技术专业学士学位，2006 年获管理学硕士学位。服装行业新定制理念推动者，中国服装协会理事会兼定制专业委员会副主任委员、浙商总会时尚产业委员会创始会员、杭州青年联合会委员。曾先后荣获 2014 年度 CCTV2 中国创业榜样、2015 年度浙江互联网企业新力量、2016 中国女性创业大赛创业新锐、2017 浙商青云榜：最可能改变未来世界奖、2018 年度长三角十大新锐青商等荣誉。

## ■公司简介:

衣邦人2014年12月创立于杭州,独创"互联网＋上门量体＋工业4.0"的C2M(用户直连制造)模式,专注于打造服装定制供应链与服务链,为商务精英人士提供专业服装定制与搭配方案,现已成为国内服装定制的标杆企业。

当下衣邦人主要为中国精英人士服务,用户通过互联网免费预约衣邦人专业着装顾问上门量体,顾问提供全品类服装定制方案与建议。并由衣邦人平台直接向拥有多年高端定制经验的现代化工厂下单,个性设计,单人单版,10天左右制成成衣并实现全国配送,衣邦人还提供比传统服装定制行业更高标准的365天无忧售后服务。

### ◆ 高峰按:

社会心理学研究发现,人类的行动轨迹和规律是有迹可循的,而《影响力》这本书则教会我们如何让受众最大限度接受自己传达的信息。在市场营销、团队管理,甚至人际交往的各个方面,这本书极具指导意义。正如方琴所说,"知识本身没有善恶,关键在于用的人是谁。"书中提及的六大心理学原理,使方琴在创业之路上如虎添翼。衣邦人的成功也从一个创业者个体层面印证了此书的指导意义。

# 周培纳：

## 重塑商业规则，时代的呼唤
### ——读《当行善统治商业》

　　我给大家推荐的是英国商人理查德·布兰森(Richard Branson)的书——《当行善统治商业》。

　　该书作者理查德·布兰森,1950年出生于英国,1999年被英国伊丽莎白女王封为爵士。作为维珍品牌(Virgin)的创始人、维珍集团董事长,他是一位具有传奇色彩的亿万富翁,同时,他也是特立独行的"嬉皮士资本家"、冒险家和商业偶像。布兰森著有多部畅销书,如《Virgin商业帝国》《管他的,就去做吧》《商界裸奔》等。他的企业王国触角遍及航空、电信、娱乐、旅游、百货、金融等众领域,品牌认知度在英国达到96%。在2001年BBC一项民意调查中,理查德·布兰森被评为最具启发性人物第二名,甚至高于耶稣。

　　布兰森说:"如果有谁愿意的话,他可以这样度过一生——喝着'维珍可乐'长大,到'维珍唱片大卖场'买'维珍电台'上放过的唱片,去'维珍院线'看电影,通过网络交上一个女朋友,和她坐'维珍航空公司'的班机去度假,享受'维珍假日'无微不至的服务，然后由'维珍新娘'安排一场盛大的婚礼，幸福地消费大量'维珍避孕套'，直到最后拿着'维珍养老保险'进坟墓。"当然，如果还不够幸福的话，维珍还提供了大量的伏特加以供选择。

商界有句名言，"投其所好，你必将得利"。而布兰森在经营的，是本不该被人们忽略的善意。

幸福，是"维珍"经营的一大理念，而这个理念同样贯彻在布兰森关于"未来"的蓝图之中。在他的资本主义 24902"疯狂"构想里，他将地球周长的24902 看作一个整体，人们要做的是建立一个有机的、有益的循环，从而实现共赢。

按照"奥卡姆剃刀"原理，"如无必要，勿增实体"——我们要忽略掉不必要的事，才能实现"伟大的跨越"。而在资本主义的世界里，要忽略掉的，是不必要的私利——对于一个商人而言，这是疯狂的，也是理想化的。

布兰森就是一个疯狂与理想的结合体。他曾男扮女装出现在"维珍婚纱"公司开业典礼上。1987 年，他驾驶"维珍大西洋飞行者"号热气球成功飞越大西洋，这是当时飞越大西洋的最大热气球，后来他自己又打破了这个记录。2004 年，他驾驶水陆两栖跑车成功穿越了英吉利海峡，又创造了一项新的世界纪录：驾驶同类车辆以低于两小时的时间穿越英吉利海峡。他曾经和维珍银河公司(Virgin Galactic)的员工一起到太空去旅行。布兰森经常通过这种冒险方式引起世人的瞩目，既让自己开心，同时也为自己的公司做了很好的品牌广告。

不要被本书封面上这个披散着头发、玩世不恭的西方面孔迷惑，这其实是一本借助商业力量改变当前的环境、贫困和挑战的商业励志书。布兰森相信，一张支票可以影响数百人的生活，行善不是捐钱，而是要把它设计在你的商业模式里。这里无关道德，仅牵涉平等与同情。

应该如何看待工作？如何看待商业？商业如何让世界变得更好？以及为什么要打破现有的商业模式？什么样的商业模式才能推动社会进步？如

何经营才能获得真正的乐趣?

来看看维珍的商业实践:团队专注于消费领域的投资,其业务分为旅游休闲、通信和媒体、音乐娱乐、金融服务、健康、人类和太空六大板块。在投资方面,维珍集团关注科技领域的投资,如消费互联网、科技金融和共享经济领域的超过 35 家公司。

创办学生杂志社,并逐渐将其发展成为学生咨询中心,它后来又成为一家心理健康咨询机构,在英国已经存在了 40 余年;创办伴侣公司,将经营避孕套业务的盈利全部用于普及艾滋病常识;努力为员工创造更好的条件,关爱地球环境。

维珍的团队不仅在集团中充满活力,其影响力也遍布整个世界。2007年 7 月 18 日,"国际长老会"在约翰内斯堡宣告成立。国际长老会旨在汇集一些国家的前任领导人,发挥他们丰富的政治智慧和经验优势,为解决一些全球性问题提供新思路。国际长老会由曼德拉发起,但是想出这个点子的,却是理查德·布兰森。到今天,国际长老会已经为许多国际事端的解决做出了贡献。

布兰森认为,有许多小企业都在为社会改变自己,如果将这些企业整合在一起,力量堪比飓风。而不管企业大小,企业里的每一个员工都是企业社会责任的履行者,在任何时候他都应该作为个体去履行企业的社会责任。从这一点而言,布兰森的观点与中国传统的"天下兴亡,匹夫有责"有着异曲同工之妙。

传统资本主义将利润奉为王道,这在带给资本主义社会发展的同时,也带来了巨大的负面效应。而随着改革开放早期的人口红利逐渐消失,环境承载容量不断压缩,越来越多的人认识到,新的商业模式需要朝着更清洁、更高效的方向发展,"绿水青山就是金山银山",我们对环境需要更加友好。布兰森的实践证明,无论是东方还是西方,无论是什么时代,企业履行社会责任与获得经营利润并不是背道而驰的,因为商业利润的形成依赖于人创造的价值,而其价值应回馈于人,以及资源成本。

布兰森认为,商人应该从更长远的角度考虑,而不是为了短期的股东利益。商业存在的意义不仅仅是利润——他不否认利润是商业存在的重要意义,但一定有更高更远的意义在利润之上。旧商业规则损害了我们赖以生存的地球,致使环境问题与社会问题加剧,日渐侵害缺乏财富资本的普通人的利益。布兰森相信,无论是维珍集团还是其他的企业,都有义务在任何一个地方竭尽全力去阻止地球的螺旋式滑坡,企业在推动社会进步的同时也将有助于企业更良性地发展。此刻重塑新商业规则必定成为年轻人的重任,而年轻人的理念也必将慢慢改变这个世界。

"随着年岁的增长,我希望在做投资的同时,也能推动社会进步。"我想,对于每一个企业而言,推动社会进步这一意义,可能比利润本身更具吸引力。现代的创业者,有更多机会向社会展现的不是商业利润的成功,而是商业模式的成功。而成功的商业模式,一定是能够抓住"人"的需求,推动人向善、追求美好,推动社会进步的。

无论是当今世界格局,还是我们的创业实践,都早已不是零和游戏。我们如何在已有的基础之上,创造更多机会、更多价值,甚至不断创造出新的需求?也许有人会说,"行善"对于初创企业而言是过于宏大的主题,但没有一个创业者不会把成本放入经营的考量之中,布兰森教会我的是,负面效应同样是企业的经营成本,当创业者将行善这一点考虑纳入自己的经营之中时,有一天也终将受益于此。

看起来成功的背后,布兰森付出了超乎常人的努力。维珍快运的动荡曾经一度令他心力交瘁。他以自然界的小草努力在缝隙中成长做类比,指出"为了生存必须拼命努力"这一自然机理本来就应如此。只有我们人类,说到"不亚于任何人的努力",说到"必须拼命工作"好像就很特别,然而想要生存就必须拼命工作,此乃自然界的机理。我想,对于一家企业而言,尤其如此。当我们把企业视作一个生命体,就能从更为人性的角度去考虑,也更能从自然界的竞争法则中找到对应点。因此，我对于创业所带来的价值感，以及为此要付出的努力甘之如饴，相信许多创业者都是如此。

## ■分享人简介：

周蓓娜（笔名：周培纳），"纳样写字"创始人，浙江大学美术学硕士。义务教育教科书《书法练习指导》编委、西泠印社社员、中国书法家协会会员；获中华人民共和国教育部艺术教育委员会硬笔书法类指导工作一等奖表彰；现已出版字帖、教材100余本，2019年居同步类字帖全国销量第一；为20余项次全国硬笔书法赛事评委，江苏省教育考试院、书法报社、江苏凤凰母语书法师资培训专家；获浙江省教育厅创新科研项目、创业南京高层次人才引进项目、"南京市百名优秀文化人才"；曾获浙江大学"竺可桢奖""十佳大学生"等荣誉称号。

## ■公司简介：

"纳样写字"系周培纳所创江苏晟沐文化传媒有限公司旗下品牌，为"创业南京"引进项目。"纳样写字"品牌致力于书法教育内容的自主研发，拍摄中小学生同步生字配套视频、制作，覆盖K12阶段，并销售全国；另为国内多款书法类App及各出版社输送内容；线下教育在多省有直营及加盟店；与细分领域排名第一的出版商"华夏万卷"签订独家十年合作；创始人周培纳所著字帖2019年在学生同步类字帖中销量全国第一，全渠道市场占有率超33%，发行过亿元。

◆ **高峰按：**

周培纳带来的《当行善统治商业》是一本关于"改变"的书，主旨为借助商业力量改变面对的环境和迎接贫困的挑战。企业必须要赚钱盈利，越是优秀的企业，市场盈利的能力越强，但是作为整个社会的一个重要组成部分，企业的目标决不能仅仅止步于赚钱。时代的发展要求重建新的商业社会和商业模式，在新型商业模式中，社会责任不再是企业的经营成本，而是构成商业模式本身的重要一环，关爱他人和地球、积极履行社会责任与义务将是未来企业的必修课。

# 欧阳华：

## 提高心性，拓展经营
### ——读《活法》

作为一名创业者,《活法》是一本值得阅读无数遍的书。我在 2016 年接触到《活法》,这让我整个工作和生活发生了巨大的变化。

在《活法》中,稻盛先生说:"如果要问我成功的理由,理由就是这一点。就是说,我的才能或许有限,但我拥有虽然单纯却非常有力的指针——追求做人的正确的法则。"

《活法》是一本人生的教科书,书中阐述的稻盛先生的哲学和实践,是超越时代的珍贵的精神财富,是我们开拓事业、获取成功和幸福的强大的思想武器。《活法》给我带来的启发主要有以下几点:

## 明白了人生的意义,明白了做企业的意义

我们生活在一个不安定的时代,许多人找不到人生的意义和价值,迷失了人生的方向。对于创业者来说,要明白两个最基本的问题:人为什么活

着？我为什么要创办这个企业？

我们人生的意义是什么？人生的目的在哪里？稻盛先生在《活法》中给出的答案是：提升心性，磨炼灵魂。

在工作和生活中付出不亚于任何人的努力，今天比昨天做得好，明天又比今天做得好，每一天都付出真挚的努力，不懈地工作、扎实地行动、诚恳地修道，在这样的过程中就体现了我们人生的目的和价值。

对于创办企业的目的，稻盛先生给出的答案是：追求全体员工物质与精神两方面幸福的同时，为人类和社会的进步与发展做出贡献。这也成为全球众多追随稻盛经营学的企业家的经营理念。秉承这样的理念，众多企业成就了"以心为本"的大家族主义经营模式，员工幸福，客户满意，股东获利，促进了人类和社会的进步与发展。

企业是每一位创业者修行的道场，我们要把企业经营过程中的每一次苦难都看作考验，看作机会，正是这些苦难才能磨炼我们的灵魂，提升我们的人格，让我们在有限的人生中绽放光彩。

## 面对工作和生活，有了回归原点最单纯的判断基准

作为经营者，每天要做无数的选择和判断，是否有一把"尺子"可以用来快速地测量哪种选择是正确的？《活法》告诉大家，面对工作和生活，我们的判断基准就是"追求做人的正确准则"。而所谓"做人的正确准则"，就是从小父母教育我们的，正直、勤奋、谦虚、坚强、节制、自利、利他等等。

企业经营面对复杂的内外环境，要做出公正的、准确的判断，带领企业活下来，并从成功走向卓越，关键是有一双纯净的不带偏见的眼睛，不被细枝末节所蒙蔽，直奔问题的根源。越是错综复杂的问题，越是要赶快回归原点，依据单纯的原理原则做出判断。"作为人，何为正确？"这一判断基准可以为我们的生活和事业带来成功。

## 认真工作带来人生最大的喜悦

工作占据了我们人生最大的比重,积极投入工作,沉浸在劳动中,就能在工作中获得成就感和充实感。认真工作,还能起到修行的作用,磨炼人格,奠定我们做人的基石。《活法》中提到,发自内心的欢喜和快乐,存在于工作之中。兴趣和游玩获得的快乐,只有在充实的工作之余才能品尝。工作马马虎虎,只想在兴趣和游戏中寻觅快活,充其量只能获得一时的快感,而不是从心底涌出的惊喜和快乐,这样的快感也会稍纵即逝。

当然,来自工作的喜悦是从苦劳与艰辛中得出的,工作的乐趣潜藏在超越困难的过程之中。有格言道:劳动有苦根甜果。因此,克服艰辛、达到目标后的成就感,是最特别的喜悦,世上没有哪种喜悦可以与之类比。

创业者必须从内心喜爱自己的工作,付出不亚于任何人的努力,全神贯注投身于工作,通过这条路也只有通过这条路,才能带领团队一起获得成功。创业过程中,艰辛的工作必不可少。带着这样一颗修行的心,帮助他人,提升自己,最终事业就能成功,人生就能幸福美满。

## 获得在萧条中飞跃的智慧

面对 2020 年突如其来的新冠肺炎疫情,很多企业都进入"萧条期"。稻盛先生曾经说过,企业的发展如果用竹子的成长做比喻的话,克服萧条,就好比造出一个像竹子那样的"节"来。经济繁荣时,企业只是一味地成长,没有"节",就成了单调脆弱的竹子。但是由于克服了各种各样的困难,就形成了许多的"节",这种"节"才是支撑企业再次成长的根基,并使企业的结构变得牢固而坚韧。

稻盛先生从很早开始就以高收益经营为目标并不断积累企业内部留存,这就是应对萧条最有效的预防策略。对《活法》的学习,可以让经营者坦然面对萧条，同时把萧条当作企业腾飞的机会。经济越是困难，我们越是要咬紧牙关，坚韧不拔，下定决心，无论如何也要闯过这道难关。正如樱花一样，冬天越是寒冷，它在春天越是烂漫。企业也是一样的，要把逆境作为动力，实现更大的飞跃。

《活法》一书，给我的工作和生活带来了巨大的收获。跟着《活法》读懂人生和经营，可以得到更多关于事业成功的经验和体会。把这本书推荐给大家，希望大家也会喜欢。

## ■分享人简介：

欧阳华，杭州思锐信息技术股份有限公司联合创始人，董事、CEO。高级工程师、高级项目经理、社会工作师，浙江大学科学与信息技术专业硕士，浙江大学创新创业学院创业导师，浙江省如家社会工作综合服务中心创始人。

## ■公司简介：

杭州思锐信息技术股份有限公司（以下简称思锐股份），致力于智慧养老、智慧民政及民政大数据的研发、应用、运营及服务，2016年挂牌新三板，成为首家智慧养老及民政信息化挂牌公众公司。2017年入选工信部、民政部、卫计委三部委联合认定的智慧健康养老示范企业名单，2018年公司产品及服务入选工信部、民政部、卫健委联合发布的《智慧健康养老产品及服务推广目录（2018年版）》。

思锐股份是国家高新技术企业，在智慧养老及民政信息化领域具有很高的市场占有率，是民政部的授权合作单位，产品和解决方案已覆盖全国 14 个省、市、自治区政府，是行业内服务区域最广的企业之一。

◆ **高峰按**：

我们看到，欧阳华带来的这本书《活法》，对她影响很大。随着经济的快速发展，生活节奏的加快，每个人的生活都变得越来越碎片化，也更加追寻生活的意义、工作的意义。如何拨云见日，重塑自我，《活法》给人以启迪。稻盛先生向我们诠释了他自己的"活法"，从根本上去探讨生存与生命的意义，文字朴实无华、震撼人心，向世人传达了一种积极向上的世界观、人生观、价值观。

# 黄步添：

## 做一只会飞的大象
## ——读《让大象飞》

　　我推荐的是美国硅谷创投教父史蒂文·霍夫曼（Steven S. Hoffman）的书——《让大象飞》。这本书跟我自身的创业理念比较切合，理论与实践结合度比较高，所以我想把这本书推荐给大家。

　　作者史蒂文·霍夫曼是硅谷最著名的投资人之一，其创立的 Founder Space 让中国创业者与全球的创新者实现连接，帮助初创公司找到差异化创新点，完成从 0 到 0.1 的探索，再从 0.1 到 1 走向成熟。《让大象飞》一书是创新创业领域的经典之作，主题是先机和破局。作者凭着对市场的敏锐判断以及对创新的深度观察，寻找创业的时间窗口期——先机，同时提供了创新创业的成功"法门"。

　　本书第一章开宗明义，首要是寻找方向，不管是否身处经济寒冬，总有浪潮奔涌而来。当新技术这台"压路机"向你碾压过来时，如果不能成为"压路机"的一部分，那就只能成为路的一部分。但技术并没有想象中的那么重要，需要经历一定的接受和采用周期。这时就需要我们在正确的时间做出正确的判断，即先机。

我在 2007 年第一次创业时，聚焦的是传统的语音通信领域，当时所谓的先机是没有的，在行业内已经产生了巨头以及很多在垂直领域内非常优秀的公司。2009 年，一个很偶然的机会，基于我自身原有的在语音通信领域的基础，正需要一种点对点的通信技术，于是我在开源社区接触到了比特币。也正是因为接触到比特币，2012 年我回到浙江大学攻读博士学位，研究方向便选择了区块链。除了早期在浙大做研究外，我也一直在思考，区块链技术能不能作为一个创业机会点。在一个新的领域去做一件事情很困难，但只要在一定时间窗口期内快速形成一个核心差异化竞争力，就相对容易占到先机。

有了先机，就要组建团队，这也就是本书第二章的内容，书中建议将初创团队成员控制在五人以内，一支优秀、快速、精干的团队能击败一支庞大、缓慢的团队。建好团队后，就要停止空想，先把眼前的事做好。另外一个关键点是融资，有了资本基础，初创公司就能安心长期聚焦于差异化创新，并形成差异化核心竞争力。

在这里要特别提一下融资，资本对于公司的发展，在一定阶段非常关键，特别是头部创投品牌效应。我创办的云象公司先后完成了五轮融资，投资机构包括中经合、中信证券、聚龙股份、深创投、竑观资本等。在整个业务发展过程中，要寻找合适的资本机构，尽量做到和自身的业务发展能形成协同效应。

第三章涉及打造产品，设计产品是为用户解决真正的问题，不能唯技术论。在这里也提醒大家不要轻易爱上你的作品，产品都是根据客户需求而产生的，需要将反馈回路与产品开发过程进行融合。

所谓的反馈回路很重要，需要通过快速迭代并进行验证；同时需要多倾听客户的声音，也只有现实需求驱动的产品迭代才有意义。如果一个团队在实验室闭门造车，一味追求技术的创新性以及产品的独特性，而不去连接现实世界,最终的结局只能是死路一条。

第四章的主题为锁定市场,先深度服务好用户,用户才想跟随你。了解自身的核心竞争力,并专注于核心竞争力领域,会做得更出色。

云象一直聚焦于区块链数字金融领域,既有区块链核心技术能力,同时具备数字金融整体解决方案设计能力。云象寻找到自身的差异化发展道路之后,强化了在区块链数字金融领域的布局,形成了自身独特的差异化竞争优势。

第五章的主题是持续创新,特别是内部创新,这就需要好好利用每一个员工的独特想法。很关键的一点是要建立创新文化,需要关注的要点一是"价值",需要企业领导者身体力行才能定义一个企业的价值;二是"行为",需要颠覆自己当下的业务、消除各种官僚做派和习气并倾听客户的诉求;三是"氛围",需要提供一个不会动辄得咎的氛围以鼓励员工学习,建立团队信任感并提倡独立思考的氛围;四是"资源",需要保证一定比例的资金、人力支持;五是"流程",建立起一个创新漏斗,可以向上提交、进行审查并付诸实施;六是"成功",需要建立创新成功标准。

同时,还需要从失败中获取新的洞见,Nest 联合创始人托尼·法德尔(Tony Fadell)也提道,"从每一次失败中我都能学到些东西。在我最早工作过的那两家公司里,我所参与设计的产品都彻底失败了,但现在我已经知道了我为什么会失败"。

第六章的主题为走在市场的前列。特别是在当下技术日新月异的时代,速度意味着一切,要成为市场的领跑者,而不是追随者。这就需要毫不犹豫地一次次按下重启按钮,初创企业需要加快速度的真正理由是为了增加产品迭代循环的次数,只有经过多次的迭代才有可能获得真正的进步。真正重要的并不是产品进入市场的速度,而是学习的速度。

此外还需要适应变化,随时随地准备调整方向。阿里巴巴创始人马云也提道,"永远不要放弃。今天很困难,明天会更糟,但是后天将阳光明媚"。

真正的创新很少会走出一条直线，那会是一次次曲折、迂回、茫然迷失、过山车式的冒险。

第六章最后还重点提到成为一个赢家的七件"法宝"，即比预期的产品好、创造一个全新的市场、成为第一家颠覆现有市场的企业、抓住网络效应、获得排他性的经销权、锁定长期客户、建立一个品牌。

云象创立以及发展的过程，也是在践行霍夫曼船长（史蒂文·霍夫曼又被人称为"霍夫曼船长"）的思想。构建了完整的产学研用生态体系，建立了云象－浙江大学区块链联合实验室、浙江大学数字资产与区块链研究所，设立了区块链企业首个博士后工作站；承担了国家科技部、浙江省科技厅区块链重点研发计划项目；累积了大量的区块链核心技术发明专利，发表了顶级期刊会议论文，是 Hyperledger（超级账本）开源社区技术重要贡献者。

特别是在"2020 杭州区块链国际周"的主议程论坛上，云象区块链凭借在产业区块链落地方面的突出贡献荣获"产业贡献奖"。主办方给予云象区块链的高度评价与本书主旨很契合，颁奖词如下：

> 在产业区块链的浪潮中，它是最有工匠精神的破局者。
> 六年耕耘，硕果累累，它用汗水浇筑技术的堡垒。
> 不忘初心，坚定信念，它在黑暗中探索前行的方向。
> 它立足金融，牵手各大银行，打造数字金融的王国。
> 它开设博士后站点，建立产学研基地，完善全方位生态体系。
> 品牌、资源、资本、技术、产品、人才是它的六脉神剑。
> 大象无形，唯有踏实，才能诠释什么是区块链的价值！

最后，感谢霍夫曼船长《让大象飞》一书关于创业的分享，我本人很受启发。云象之所以取名云象，"云"即分布式，"象"即数据，云＋象＝区块链，大象无形，象即道，我们为赋能分布式商业经济而来，也为传递产业区块链应用生态价值而来，这是我们的使命和初衷。未来我们将继续坚守在这个领域，通过区块链为全社会构建真正的价值互联网信任基础设施。

## ■ 分享人简介：

**黄步添**，杭州云象网络技术有限公司创始人、董事长。浙江大学 2012 级计算机专业博士研究生，九三学社社员，中国区块链技术研究与商业应用早期推动者，中国计算机学会区块链专委会首任委员，浙江省区块链技术应用协会发起人兼副会长，IEEE Blockchain 杭州工作组主要发起人，主编出版《区块链解密：构建基于信用的下一代互联网》一书。曾获 2016 年第二届教育部中国"互联网＋"大学生创新创业大赛全国金奖，2017 年李光耀全球商业大赛总决赛亚军。

## ■ 公司简介：

杭州云象网络技术有限公司（以下简称云象）成立于 2014 年，是全球领先的区块链基础设施服务商，中国最早从事区块链技术研究与商业应用的团队；浙江首家获批设立博士后工作站的区块链企业，与浙江大学、新加坡国立大学分别成立区块链联合实验室，并与浙江大学数据分析和管理国际研究中心共建数字资产与区块链研究所；在共识算法、隐私保护、智能合约、跨链通信、BaaS 等核心领域拥有核心专利技术，并在 *IJCAI*、*AAAI*、*Neurocomputing*、*INFOCOM* 等国际顶级会议期刊上发表论文。

云象在工信部赛迪区块链研究院等联合发布的"2018 中国区

块链企业百强榜"排名第一，是中国人民银行金融分布式账本标准委员会成员，中央结算公司国家金融区块链基础设施承建单位，2022年杭州亚运会"智能亚运"唯一入围区块链技术供应商，中国商业银行体系首个跨机构区块链基础设施建设单位，国家科技部现代服务业重大专项首个区块链技术项目支撑企业，浙江省重点研发计划首个区块链项目承担单位，中国本土第一创投——深创投重点布局的区块链技术公司。

◆ **高峰按：**

我们都听过雷军说的，只要在风口上，猪都能飞起来。黄步添带来的这本书，思考的是如何能让大象起飞。作者史蒂文·霍夫曼深刻地进行了问题的拆解，其实任何一家成功的企业背后都是有规律可寻的：寻找方向并朝着那个方向起航；打造产品并让用户爱上它；锁定目标市场，深度服务好客户；速度意味着一切，让企业时刻保持高速运作；最后坚持持续创新。这些都是基业长青的秘诀。也祝愿云象迎着新基建的东风，在风口顺势飞翔！

# 宁海元：

## 以系统性思考建设学习型组织
### ——读《第五项修炼》

　　2020 年是我联合创办的袋鼠云公司在组织能力建设上非常关键的一年。随着袋鼠云核心产品数栈 DTinsight（云原生一站式数据智能中台 PaaS）完成产品商业化从 0 到 1 的过程，整个公司的发展即将进入规模商业化的快车道。从 2020 年上半年开始，我自己也逐步将大部分时间投入组织发展的相关工作之中，从招聘到培训到企业文化都在重点关注。在这里，我要给大家分享推荐的是知名组织管理专家彼得·圣吉（Peter M. Senge）的《第五项修炼》一书。

　　彼得·圣吉是麻省理工学院斯隆管理学院的高级教授讲师，被称为继彼得·德鲁克之后最具影响力的管理大师，也被《商业周刊》评为十大最有影响力的管理学人物，"学习型组织之父"。

　　1990 年《第五项修炼》出版后，连续三年荣登全美最畅销书榜榜首，并于 1992 年荣获世界企业学会最高荣誉开拓者奖。在短短几年中，这本书被译成二三十种文字风靡全世界，不仅带动了美国经济近十年的高速发展，也在全世界范围内引发了一场创建学习型组织的管理浪潮。美国《商业周刊》也因此推崇圣吉为当代最杰出的新管理大师之一。《第五项修炼》介绍的是理论与实践相配套的一套新型的管理技术方法，全面揭示了继"全面质量管理""生产流程重组""团队战略"之后出现的又一管理新模式，被西方企业界誉为21世纪的企业管理圣经。

袋鼠云致力于企业数字化新基础设施建设，我们做的是知识型创业，未来的场景都需要我们创造性地思考解决方案，这也自然要求我们打造一个学习型的组织。我也在不断实践如何在公司战略层面推进学习型组织的建立。在这个过程中，《第五项修炼》给了我很多启发，以及印证了在实践过程中的思想理念。

本书首先定义了组织的七大学习障碍：

## "我就是我的职业"

第一个障碍说的是处于各个岗位的人墨守成规，从而导致了总是把自己的责任限定在自己的职位界限之内。当组织中的人们都只关注自己的职位时，就对所有职位之间因相互关联而产生的结果缺乏责任感。而当最后结果令人失望时，要找出原因也会很困难。大家所能做的就只剩下猜测："一定有人把事情给搞砸了。"

## "敌人在外部"

接下来就是第二个障碍：当发生问题时，我们每个人普遍会有这种倾向：去责怪我们身外的人或事。而有些组织甚至会把这种倾向提升成为命令，说："你们必须找到问题的外部责任方，这是个原则。"

"敌人在外部"这一障碍的症状，其实是"我就是我的职业"观念的衍生副产品，也是这种观念导致的后果——观察世界缺乏系统性。

## 掌控的幻觉

作为管理者,当我们面对困难的问题时,就会想马上掌控局面。通常情况下,我们会鼓励积极行动起来。但有时候,面对外部攻击,或者外部环境的变化,过度的主动积极可能只是一种掌控的幻觉,反而会导致总体成本的增加。

## 执着于事件

大部分刚晋升的管理者都还是会更多地专注于眼前的各种具体事务,容易被短期紧急的事耗尽精力。如果大家的思想都被短期事务性事件主导,那么一个组织就不可能持续地从事有创意的生成性学习。

另外一方面,除了具体业务上的事情,我们还要更多地关注人,对于创业公司来说,有时候"借事修人"反而是更重要的结果。

## 煮蛙寓言

对于成熟的企业而言,对很多缓慢积累的生存威胁会很容易缺乏应对措施,从而导致习惯"温水煮青蛙"的现象,直到某一天突然死亡。

这要求我们放慢自己忙乱的脚步,去注意那些工作中细微的、缓慢的变化。

## 从经验中学习的错觉

我们每个人都有一个"学习视界",即我们只能在一定的时空和视力范围之内观察自己的行动效果。当我们行动的结果超越我们的学习视界时,就不可能通过直接经验来学习了。

## 管理团队的神话

很多人在组织中会期待公司管理层能够针对每个问题都给出完美的解决方案。

不管是创业公司，还是成熟公司，以上这七种障碍都是在日常团队管理过程中比较容易碰到的。在袋鼠云四年多的创业过程中，我发现类似的问题在不同的阶段会不断地循环出现。随着团队的扩大、早期公司文化的稀释，这些管理问题带来的团队组建的困境和运营成本的上升，是组织发展中不得不直面的问题。

书中提到的第五项修炼实际上是系统思考。所谓系统思考，用我们现在流行的话讲就是全局意识和大局意识，不要只顾眼前和局部利益而不顾整体和长远利益，既要看见树木也要看到森林。对于很多管理者来说，屁股决定脑袋是非常容易出现的事情，而对于创业公司来说，高阶管理者的格局对于公司的重要性是不言而喻的，也是解决上述七种障碍很重要的指导性原则。

为什么要把系统思考称作第五项修炼呢？因为前面还有四项修炼，分别是：自我超越、改善心智模式、建立共同愿景、团队学习。前面这四项修炼是系统思考的基础，要真正具备系统思考能力，必须要同时开发这前四项修炼，系统思考则是对这四项修炼的整合。没有系统思考，这四项修炼也达不到应有的高度。系统思考是指挥机制，其他四项修炼则是动力机制和修缮机制。

五项修炼都是关于人的心智的转变，即：从观察局部到观察整体；从把人看成是无助的反应性动物，到把人看成是塑造自己的积极参与者。没有系统思考，就没有在实践中整合学习的动力和方法。这第五项修炼中，系统思考是学习型组织如何看待世界的基石。

用一幅图可以简单说明五项修炼之间的关系：

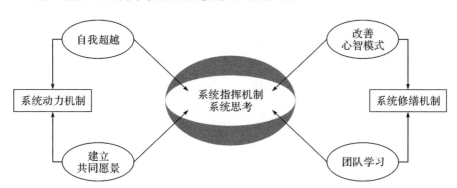

书中也明确提出了第五项修炼的 11 个法则，包括：今天的问题来自昨天的"解决方法"；你越使劲儿推，系统的反弹力越大；情况变糟之前会先变好；选择容易的办法往往会无功而返；疗法可能比疾病更糟糕；快就是慢；因和果在时空中并不紧密相连；微小的变革可能产生很大的成果；鱼和熊掌可以兼得但不是马上；把大象切成两半得不到两头小象；不去责怪等等。

这些法则看起来都是一些很平常的管理心得，但要真正将其应用到管理实践中，并不容易。系统思考观察的是相互作用的关联，而不是各个分立的事物；还有变化的模式，而不是静态的"快照图片"。

系统思考来源于两个领域的理念：控制论中的"反馈"概念和起源于 19 世纪的"伺服机制"工程理论。在当今的 VUCA 时代①，系统思考可能比以往任何时候都更重要。

2020 年年初的时候，我在公司内提出了"打造 OFIT 团队"的管理理念，其中的 O 代表的是 Openness & Ownership，与《第五项修炼》提出的"参与

---

① Volatility（易变性）、uncertainty（不确定性）、complexity（复杂性）、ambiguity（模糊性）的缩写。

式开放"（participative openness）和"反思型开放"（reflective openness）不谋而合。书中在实践的反思部分还提出了"建立深度交流的反思型文化"。创业公司不怕有问题，也必然会有各种各样的问题，甚至有不少创业公司前景本来不错，结果因为创始团队之间出现不可调和的矛盾而功败垂成的案例。我认为：从创始人到员工，是否能够以一种系统思维的方式，以面向未来的开放心态面对过去的问题并进行反思和交流，是决定创业团队能否不断披荆斩棘、往前开拓的关键。

## ■ 分享人简介：

**宁海元**，袋鼠云联合创始人、CTO（首席技术官），阿里云全球MVP（最有价值专家）。浙江大学管理学院 2018 级 MBA，曾获浙江大学 MBA25 周年创新创业奖。

宁海元在淘宝创始早期加入阿里巴巴，担任当时中国顶级的DBA 团队负责人，多年天猫"双十一"技术指挥部核心成员，淘宝核心系统"去 IOE"负责人，阿里巴巴集团移动数据分析平台负责人，阿里集团数据中台产品"数加"平台技术创始人。2015 年年底，宁海元从阿里巴巴离职，联合创立袋鼠云。

## ■ 公司简介：

袋鼠云（杭州玳数科技有限公司，以下简称袋鼠云）成立于2015 年 11 月，致力于研发云原生一站式数据智能中台 PaaS 产品"数栈 DTinsight"，帮助客户打造自主可控的数据中台基础设施，赋能加速行业数智化转型，目前已经服务金融、零售、数字政府、能源电力、文化旅游等行业众多知名客户。袋鼠云始终聚焦数据智能技术产品和服务,是业界第一家数据中台独立创业公司,也是数据智能中台和智能运维中台理念的倡导者。

袋鼠云凭借在数据智能领域的领先实践和专业可靠的产品,备受国内外顶尖投资机构青睐。2019 年 12 月,袋鼠云宣布完成数亿元人民币 B 轮融资,目前投后估值已超过十亿元人民币。

公司已获得 ISO9001、ISO27001、CMMI3 等权威认证,获得专利和软著超过 40 项,并荣获国家高新技术企业、科技型中小企业、杭州市雏鹰企业、2019 西湖区高成长性企业等荣誉称号,2018—2020 年连续三年入选"杭州准独角兽榜单"。

◆ **高峰按:**

自我超越、改善心智模式、建立共同愿景、团体学习、系统思考,这五项修炼无论对于个人、团队还是组织,都是大有裨益的工具。

对宁海元来说,自我超越和建立共同愿景帮助他找寻到了自己真正的人生观、价值观,自身力量和兴趣所在;改善心智模式和系统思考帮助他打破学习的樊篱,得以不断进步。对于以数据智能中台为核心业务的袋鼠云来说,五项修炼将帮助企业打造持续进化的学习型组织,永葆企业创新力和创造力,以面向未来的战略洞察和管理创新输出更多的行业解决方案。

# 梅杰：

## 天下武功，唯快不破
### ——读《闪电式扩张》

　　《闪电式扩张》是一本介绍业务增长方法论的书，该书的作者里德·霍夫曼（Reid Hoffman）是 LinkedIn 联合创始人，担任过 PayPal 高级副总裁，也是 Facebook 的天使投资人。他通过对 LinkedIn、Airbnb、Facebook 等诸多明星企业的近距离观察，提炼出了闪电式扩张的核心思想：当商业盈利模式依赖于拥有大量用户并从中获得反馈时，即使面临不确定性，也应该优先考虑速度而非效率。

　　我看到这本书的时间是在 2019 的夏天，当我第一遍读完这本书的时候，回想起了自己过去十年的创业经历，我们之所以取得成功也正是因为采用了里德·霍夫曼所总结的闪电式扩张策略。所以，在这里向创业的兄弟姐妹们推荐这本关于增长的方法论图书：《闪电式扩张》。

　　《闪电式扩张》一书篇幅短小，可以非常快速地阅读，也非常适合反复阅读。里德·霍夫曼在硅谷见证了 20 年来蓬勃发展的互联网经济，在外人看来硅谷的成功是因为技术创新，而硅谷内部很多人认为，关键在于人才、资本和企业文化的结合使得创办新公司变得容易，但是里德·霍夫曼认为硅谷能诞生世界上这么多最具价值的科技公司的秘诀就是闪电式扩张！

全书总共分为六个章节：

第一章　什么是闪电式扩张

第二章　商业模式创新

第三章　战略创新

第四章　管理创新

第五章　闪电式扩张的蓝图

第六章　负责任的闪电式扩张

## 什么是闪电式扩张

顾名思义，闪电式扩张就是要采用远超传统认知和过往方法经验的速度进行快速增长，甚至要牺牲 ROI（投资回报率）等营利性指标来追求规模化指标。如果用火箭来比喻：产品是发动机，毛利是闪电式扩张的燃料，渠道是能让我们杀出一条血路的路径。所以，在我们打算要做闪电式扩张之前，要先看看自己的产品，是否已经达到了与市场需求的匹配，并且具有竞争优势。其次，也是非常重要的一个点，就是测算闪电式扩张的业务的毛利情况如何，只有超高毛利的业务才能支撑闪电式扩张。再次是要预判闪电式扩张后是否具有市场的头部效应，即"首个规模扩张者优势"。一旦某家规模化企业占据市场的制高点，周围的相关联企业就会认识到它的领导地位，人才和资本都会涌入，就可以产生更大的影响力。

回想 2010 年，我们在绍兴创立第一家线下培训机构的时候，先做的是一对一业务。当我们想进行规模化扩张的时候，发现毛利太低，因此在当地市场上几乎所有的竞争对手都在大力推广一对一业务的时候，我们果断转型做起了行业中比较难的大班课业务，因为我们坚持高毛利是企业持续创新和竞争力的核心。所以当我们花费一年时间，建立起了大班课的产品模型后，在 2011 年我们决定进行规模化扩张，为此我们做了以下几方面的准备：

1. 聘请本地最好的老师；

2. 印刷了 300 万份传单（本地总人口 80 万，学生 9 万）；

3. 租赁了本地面积最大的教学楼（3000 平方米）；

4. 同一时间打通城市所有小学、初中的渠道；

5. 为本地最好的前两所小学和初中的优秀学生，提供免费暑假课程；

6. 暑假向城市所有学生提供免费自习教室；

做好上述准备后，我们在 2011 年的 4、5、6 三个月将 300 万份传单向市场进行连续的密集投放，同年的 9、10、11 月我们又操作了一遍上述打法。到 2011 年年底，我们成功成为绍兴本地规模最大的大班课教学公司，并且品牌、口碑和规模一直保持到今天，直到被上市公司新东方全资收购。总结成功的主要原因就是在不确定的市场中，我们采用闪电式扩张方法，从一个新进入者迅速成为本地市场的绝对领导者，从而树立了区域市场的教育品牌，而正好教育产品是具有较强的区域市场头部效应的。

回到书中，里德·霍夫曼用三个章节重点介绍了闪电式扩张的三种关键方法：商业模式创新、战略创新、管理创新。

## 商业模式创新

商业模式创新，是初创企业采用的胜过老牌竞争对手的方法。如果你的剧本和竞争对手相同，你就有麻烦了，因为老牌竞争对手有更多资源去演你的剧本。

例如谷歌对于搜索引擎商业模式变现的创新是认为搜索是前景广阔的业务，而非简单向最高出价者出租空间，但彼时的网景认为浏览器是关键，搜索只是副业，这种对商业模式本质的理解差异产生了不同的结果，最终的结局大家都看到了。Uber 和 Airbnb 也是基于新颖的商业模式获得了成功。

单靠技术创新是不够的，即使它对未来影响很大。当创新技术通过创新商业模式推出创新产品和服务时，将真正创造价值。

设计商业模式时要尽量放大如下四个关键增长因素。

1.市场规模。预测市场规模及其将来的增长前景，是闪电式扩张的主要不确定因素之一，但又是做闪电式扩张决策的必备因素。

2.推广。利用现有网络和病毒式传播进行推广。

3.高毛利率。高毛利率是一个强大的增长因素，"并非所有收入都天生平等"。投资者对于潜在毛利率较高的公司估值总是远远高于已经最大化实际毛利率的公司。如果可能的话，公司应该尽可能设计高毛利率的商业模式。

4.网络效应。设计商业模式时要尽量减少如下两个限制增长因素：

一个是缺乏产品/市场匹配，一个是运营可扩张性。这两个因素本质上就是人效。人数的线形增长会带来管理成本的指数级增长。一种办法是设计人力需求少的商业模式，如社交产品，WhatsApp5 亿月活只有 43 人。另一种是把工作外包给承包商或者供应商，比如 Airbnb 的房屋拍照工作。

里德·霍夫曼在本章节中，针对上述的各项要素进行了详细的案例分析。2017 年线下实体业务被新东方收购以后，我们在选择在教育产业互联网中进行二次创业的时候，核心关注了市场规模、毛利率和运营可扩张性这三项与商业模式创新相关的要素。我们创立了服务中小培训机构的 SaaS 软件公司"小麦助教"和真人直播大班课的在线教育公司"爱课 AirCourse"。教育 SaaS 软件公司我们看中的是其高毛利率和运营可扩张性，大班直播在线教育我们看中的是其巨大的市场规模、高毛利和运营可扩张性。目前这两家公司经过两年的发展，都成了细分市场中的第一名，是行业的领导者。我们用实践验证了正确的商业模式能够快速实现增长，并有机会采用闪电式扩张策略迅速抢占市场。

## 战略创新

成功的闪电式扩张除了商业模式创新奠定的基础，还有很重要的就是对于开始闪电式扩张的时间选择，以及一系列的策略。何时开始闪电式扩张？只有当你认定进入市场的速度是实现大规模目标的关键策略时，才需要进行闪电式扩张。当你的公司达到市场上限时，进行闪电式扩张实际上是很危险的。如果你的市场净空不足，那么当你冲向市场上限时，所有速度和冲力将会瞬间崩溃。净空不足的征兆通常是内部冲突，已经习惯了持续增长的管理者和投资者开始提出诸如"出了什么问题"和"谁负责"这种问题。如果没有意识到根本原因，那么最常见的反应就是要求撤换首席执行官或高管团队，销售副总裁尤其危险。因此，何时停止闪电式扩张也至关重要。两家耗尽净空的闪电式扩张公司案例——Groupon 和 Twitter 是我们的前车之鉴。

## 管理创新

为了配合闪电式扩张的策略，还需要从管理创新上做好准备，因为在快速扩张过程中，一定会出现各种混乱的情况，如产品的问题、用户的抱怨等等。所以需要配合战略在管理上进行分阶段的规划，从而实现企业从"家庭"阶段，到"部落"阶段，到"村庄"阶段，到"城市"阶段，到"国家"阶段，整个人员增长过程中的各种管理创新。

八个关键转变包括以下方面。

第一个转变：从小型团队到大型团队。要建立像军事一样分工明确的组织架构，并在团队中加入不同特质的人才，例如：海军陆战队攻下海滩，军队占领国家，警察治理国家。在向大型团队过渡的过程中，既要组织分工，又要管理可能产生的关于职业预期的问题，这些方面是最难管理的。鼓励员工少关注职位头衔，多关注每个任期的业务和经验，使他们准备好在未来承担更重要的职责。

第二个转变：从通才到专才。早期阶段，公司需要速度和适应性，这时聘用通才非常超值，甚至在"家庭"阶段，应该只聘用通才。随着公司发展壮大，需要转向招聘专才，他们的可替代性较低，但拥有规模化扩张相关重要领域的专业知识。

这并不是说在闪电式扩张组织中没有通才的位置。事实上，引入专才的主要好处之一是，它让你重新安排有能力的通才来攻克最紧迫的挑战。不妨将通才视为组织的"干细胞"，它们可以根据需要变为各种其他类型的细胞。在许多情况下，你应该努力留下通才，无论是为了他们文化和经验知识，还是为了他们解决问题的能力。

第三个转变：从贡献者到经理，再到高管。经理和高管扮演着截然不同的角色。对这两种角色的混淆主要是来自于早期初创企业中通常由同一个人担任经理和高管。但他们是不同的角色，即使由同一个人担任也是如此。

经理是为日常策略操心的一线领导者，他们制订、贯彻和执行详细计划。高管的任务是领导经理。在多数情况下，高管不管理个人贡献者。相反，他们专注于公司的愿景和战略。他们也负责发扬组织的奋斗精神，并且自己作为榜样，帮助员工在不可避免的逆境中坚持下去。

所以，在执行闪电式扩张时，应该聘用过去曾就职于闪电式扩张的初创企业、处理过跟自己公司目前阶段相似困境的高管。这也是投资者对连续创业者更有信心的原因。在聘用外部高管的同时，要解决"移植排斥"现象，即要帮助外部有经验的高管在组织中顺利"落地"，可以采用的方法是：首先，聘用至少被一名团队成员所熟悉的人才。其次，让新高管从较低层级干起，让其证明自己。最后，一旦他赢得了团队信任和荣誉，就可以考虑提升他了。

第四个转变：从面对面交流到网络沟通。随着公司的扩张，变化最大的是内部沟通流程。随着公司的发展壮大，我们必须从非正式、面对面的个人对话，转变为网络沟通方式。如果无法制订有效的内部沟通策略，你的公司就将开始脱节并崩溃。

第五个转变：从个人灵感到智能团队。在管理团队中，你需要一支商业智能团队。因为风险是如此之高，错误决策的成本也如此之高，专业的团队可以减少风险。

第六个转变：从单一重点到多线程。假如你决定开展多业务，最优管理方法就是将每个线程视为一家独立的公司。对于每个线程，你需要确定一支领导团队（联合创始人）并建立激励体系，使其能以极大独立性运作并产生利润，也不会遭到团队其他成员的嫉妒，以至于公司四分五裂。这将是一个充满挑战的过程。

第七个转变：从"海盗"到"海军"。这个关键转变是从单纯进攻到攻守兼备。在"城市"阶段，防守常常成为重点，建立新的竞争优势往往非常困难。企业应该专注于加强现有的市场地位。最佳做法包括以下两种：第一种是尝试建立标准。一种经典做法是从应用程序转为平台，如 AppStore 的案例。第二种是提供更完整的解决方案，并尝试占据上风。需要注意的是，收购是在"国家"阶段中规模最大的攻防战。不妨想想某些关键收购是如何为收购者赢得主要市场的。Youtube、Instagram、WhatsApp 的收购都是攻守兼备的。包括新东方对我们学智教育的收购，也是一种攻守兼备、资源配置效率最高的策略。

第八个转变：实现自身规模化，从创始人转变为领导者。这是关于闪电式扩张中，创始人自身要做好的调整，核心是做好三件事情：放权、扩大影响力和完善自身。其中放权是最重要的一点，即聘用高管并交出部门领导权。

九条反直觉规则包括以下方面：

和世界上大多数有价值的事物一样，闪电式扩张是逆势而为。你需要遵守一套新规则，这些规则公然违反商学院教授的内容。

第一条规则：欣然接受混乱。

第二条规则：聘用合时的人才，而不是合适的人才。

第三条规则：容忍糟糕的管理。

第四条规则：推出让你尴尬的产品。

第五条规则：让火焰燃烧。在企业增长过程中，把所有影响公司发展的火焰扑灭是不可能的，存续下来的方法之一是决定让某些火苗燃烧，以便可以专心扑灭会毁灭公司的大火。

第六条规则：做无法规模扩张的一次性工作。

第七条规则：忽略客户。

第八条规则：筹集超额资金。进行闪电式扩张时，应该筹集超过——最好是大大超过需要的资金。

第九条规则：让企业文化与时俱进。羸弱的企业文化是散漫的；员工各行其是，互不理解，公司变成钩心斗角之地。

## 闪电式扩张的蓝图和负责任的闪电式扩张

第五、六章节通过案例的方式对前面几个章节的方法论进行了展开和延伸，我就不做赘述了。我重点通过结合自己的创业经历和公司业务经营的实际感悟来阐述三项方法论的有效性。

迄今为止，闪电式扩张的重点领域一直在软件和互联网。但是其底层思想我认为是一种方法论。本质上，闪电式扩张是技术创新、商业生态系统形成和公司确立地位并取代前辈的主要模式。例如特斯拉将汽车制造向软件科技公司方向发展，配合闪电式扩张策略，让传统汽车企业找不着北。

最后，把里德·霍夫曼书中最后一段让创业者激情澎湃的话分享给各位：

如果我们相信未来比过去和现在更好，那么闪电式扩张就是振奋人心的，因为我们会更快到达未来。

我们相信，未来可以而且应该比过去更好，并且值得忍受为尽快到达未来而进行闪电式扩张所感到的不适。

我们希望看到闪电式扩张让更多企业家能成立善于变革的公司并成功扩大规模。

我们希望看到更多成熟公司利用闪电式扩张的经验教训提高适应性，并为应对未来挑战做好更充分的准备。

我们希望看到活动家和政府使用闪电式扩张工具让世界变得更好。

选择闪电式扩张的公司将很快奠定每个行业的进展步伐。现在轮到你来领导这个变化了，为了你自己、你的公司以及整个社会。快步奔向未来吧！

## ■ 个人简介：

**梅杰**，教育连锁品牌"学智教育"创始人，教育 SaaS 软件"小麦助教"创始人，在线教育品牌"爱课 AirCourse"创始人。毕业于浙江大学化学工程专业，连续创业者。

## ■ 公司简介：

爱课 AirCourse，创立于 2018 年 10 月，是国内领先的少儿英语在线教育品牌。独创的 AI 互动直播大班课平台，成功实现了教师在线大班教学、学生小班上课的交互体验，在此基础上聘请全球名师构建了行业内知名的在线大师课堂。截至 2020 年 6 月，爱课教学平台用户数超过 150 万。

## ◆ 高峰按：

梅杰带来了一本好书！什么叫闪电式扩张？里德·霍夫曼认为，面临不确定性时通过有目的、有意识地去做传统商业思维认为没有意义的事从而获得的超高速增长才叫闪电式扩张。随着互联网技术的发展，越来越多的行业开始被网络效应渗透，市场空间被重新定义，在新竞争环境下能否实现闪电式扩张就显得至关重要。

用闪电式扩张的方式实现企业管理与创新实践，是与传统商学院理论体系不一样的新型实践，要求企业管理者在商业模式创新、管理创新、战略创新等多个维度做好统筹规划和协同，强调通过组织能力的升级主动适应发展的不同阶段，以增长优先，随时随地拥抱变化。

高鹏：

从创新到垄断
——读《从0到1》

　　我给大家推荐的是彼得·蒂尔（Peter Thiel）的书——《从 0 到 1》，彼得·蒂尔是全球电子支付巨头 PayPal 公司的创始人，硅谷创投教父，Facebook 的首个外部投资者。徐小平称他"象征着美国异想天开、特立独行但又脚踏实地、从无到有的创新精神"。

　　我是 2016 年购买的这本书，在阅读时，能感受到作者广阔的知识体系，从科技、哲学和心理学方面旁引博论，同时又有着自己独到而犀利的见解。作者颠覆了我们关于创新、创业乃至受教育的常识，讲述了创造未来的商业秘密。同时，本书读起来浅显易懂，任何层次、任何阶段的创业者，或者每个不满于现状、对这个世界有想法的人都应该读一读，从本书中定能了解到对自己有用的知识，以及对自我发起一场思维运动。

　　《从 0 到 1》这本书，对我的创业生涯产生了重大的影响。从 2016 年开始至今已读过三遍，结合创业中的各种经历每次读完都有更深一层的体会。我将本书内容结合自己的感悟简单进行了整理归纳，分享给大家，希望有更多人从该书中受益。

本书思想核心是：只有实现"从 0 到 1"的创新，才能创造新的价值，给人类带来更多可能性。好的思维起点是"颠覆"，大多数人创业是"从 1 到 N"，但真正伟大的事业是"从 0 到 1"。

彼得·蒂尔说：人类历史的发展分成两种，一种叫作垂直进步，一种叫作水平进步。

水平进步：就是从 1 到 N，就好像我开了 1 家店，然后把它复制到 100＋，或者 1000＋。

垂直进步：就是你以前没有店，现在开了一家店，这是从无到有的过程，这个过程就叫作从 0 到 1、垂直进步。

从 1 到 N，指全球化、同质化的复制。

从 0 到 1，指科技的发展和发明。例如人造卫星、移动电话、半导体、抽水马桶、数码相机，这些就是从 0 到 1 的过程。

### "从 0 到 1"与"从 1 到 N"的对比

| 从 0 到 1 | 从 1 到 N |
| --- | --- |
| 创新 | 复制 |
| 质变 | 量变 |
| 垂直 | 水平 |
| 蓝海 | 红海 |
| 垄断 | 竞争 |
| 唯一 | 第一 |
| 非零和 | 零和 |
| 厚利 | 薄利 |

全书围绕上述核心思路,从人类社会文明史发展角度到从无到有的垂直深度发展和从有到优的广度发展,即从 0 到 1 和从 1 到 N,同时对目前全球普遍存在的大量同质化现象和各种关键创新的特点进行了论证。通过回顾 20 世纪科技发展史以及从 1999 年到现在的互联网发展史,论证了一个道理,即只有从 0 到 1 的发展,才是根本的、决定性的发展,而从 1 到 N 的发展,不过是数量上的增多,或者简单的优化。

"从 1 到 N"很难,但是"从 0 到 1"要难得多。前者是水平进步,因为已经知道了"1"是什么样子,N 就是复制多个一模一样的"1"。当然,要快速、高效率、低成本地复制也是有难度的;后者是垂直进步,也就是探索新的道理,从无到有,实现从 0 到 1 的进步。相比之下,垂直进步更难,因为要创造的是从没见过、从未做过的事物。

大多数人的创业是"从 1 到 N",他们复制市场上已经有的产品,在红海里厮杀,唯一的生存法则是从竞争对手那里抢食物、拼速度、拼价格、拼客户,死死盯着有限的市场,靠微薄的利润度日。但是,就算他们再努力,也逃不过被淘汰的命运。作者推崇的是"从 0 到 1",从无到有,实现质变,创造新价值,把蛋糕做大,开辟一个只属于自己的蓝海市场,做"第一"不如做"唯一"。从 0 到 1 的创新,不是在市场已有产品的基础上稍加改良,而是一定要比现有的同类产品好十倍以上,这样才有绝对的创新优势。

总结起来,两者的区别就是:"从 1 到 N"的企业靠复制同质化的产品,在红海里竞争,它们关注量的积累,靠薄利度日;而"从 0 到 1"的企业创造独一无二的产品,通过专利技术、网络效应、规模经济、品牌等形成壁垒,垄断只属于自己的蓝海市场,它们关注质的变化,创造丰厚的利润。

在《从 0 到 1》这本书中,彼得提出了很多一针见血、坦率辛辣又出人意料的观点,这些观点颠覆了我之前的认知。在后续的创业经历中,在一些深层次、复杂的公司决策问题上,我都会随时回顾和对照这些观点。从我创业的角度来看,最震撼我的有以下几点:

## 关于竞争和垄断

大多数人鼓励竞争，但真正能创造价值的是垄断。

在经济学里，一个重要的概念是完全竞争，意思是竞争市场中的每个公司地位平等，卖的产品都是同质化的，没什么本质区别。市场里资源和信息自由流动，没有谁能控制价格。例如，一个公开规范透明的小商品市场就有点类似"完全竞争"的状态。甲商户和乙商户卖的东西都差不多，价格也不是随意定的，是由市场支配的，任何一个商户屯的货再多或者再少，也不会影响价格。当然，小商品市场呈现的状态只是类似"完全竞争"，并不完全等同于"完全竞争"。完全竞争是一种理想状态，是竞争的极端形态，现实中不可能存在。

垄断和完全竞争正好相反。在市场上，卖方几乎仅此一家，找不到替代产品，买方只能选这么一家，卖方在这个特定市场上就形成了垄断局面。另外，正因为垄断公司拥有自己的市场，没有竞争对手，所以它们可以自己定价，自由决定产品的供给量。

现在问题来了：我们接受的正统教育，都告诉我们，竞争是常态、是健康的，垄断是不利于行业发展的。但是为什么我们在市场上看到的情况正好相反，即失败的企业都是死于竞争，而利润最丰厚的，都是具有创造性的垄断企业呢？

彼得认为，作为一个创业者，如果你想要创造价值，把企业办得持久并且有意义，想要赢得价值，想要赚钱，那么你就不能跟风，不能创办一个没有特色产品的企业，不能把自己当成小商品市场里一个可有可无的商户。在现实世界里，每个成功的企业恰恰就是因为它做了其他企业不能做或者没有做的事情。所以，垄断并不是商界的症结，也不是什么不正常的存在，垄断是每个成功企业的真实写照。过去人们在宣扬竞争、认为竞争是必要的同时，却忽视了竞争存在的问题：

1.完全竞争状态下大家都很难获得利润；

2.竞争中的企业主要精力都放在获取利益上，很难对未来进行长期规划，而垄断者除了想着赚钱，还有余力想其他的事情；

3.竞争很有可能让人们忽视了一些真正重要的事情，只把精力放在竞争对手上。

书中以微软和谷歌之间的竞争作为例子：垄断了电脑操作系统软件领域的是微软，垄断搜索引擎领域的是谷歌，二者本来各霸一方，井水不犯河水。随着各自业务版图的不断扩张，双方开始把注意力放在彼此身上，开始了地盘争夺战，谷歌和微软在操作系统、搜索引擎、浏览器、办公软件等多个领域展开了激烈的竞争。可两者竞争的结果是，被苹果横插一脚，成为在两大巨头竞争中的大赢家。所以，如果你没法避免战争，又不能保证打败对手，不如选择和对手联合，否则就会落个两败俱伤的下场。

那么为什么人们在传统思想上会有反对垄断这样的观念呢？彼得·蒂尔是这么总结的：静态社会中，垄断是一件坏事。所谓的静态社会，就是接近零和博弈的社会——这个社会上资源就这么多，你拿走了别人就没有了，典型的就是石油和矿产资源、城市里的高质量教育资源等。在这种情况下，人们会发现，零和博弈是非常重要的。而动态社会的价值是创造出来的，类似谷歌、PayPal、微信、支付宝这样的垄断者创造出自己的价值后，它们不仅赚到了自己应得的那部分，其他企业也并没有因此而吃亏。

随着世界进入互联网和人工智能时代，社会越来越成为一个动态的环境，在这个动态世界之下，创造才是最重要的事。是用资源去达成垄断，还是用科技和创新达成垄断，两者是有很大不同的。

相对应的，为什么大家那么喜欢竞争呢？

彼得·蒂尔分析说：竞争是一种观念，是我们从小到大的一种观念。我们从小到大被教育说我们必须要打败别人才能上位，才能成功。例如，中国的高考体制决定了学校里排名次、考第一的教育理念，学生们从小到大都接受和习惯了学习就是为了竞争好名次的考试氛围。我们之所以执着于竞争的成败，是源于我们对竞争的执着，我们喜欢竞争本身，而不是喜欢这件事究竟会带来什么价值，我们只有将这件事情想明白，才能放下很多对竞争的执着。

## 为什么垄断者喜欢用撒谎来示弱，而完全竞争者经常用撒谎来逞能？

还是举谷歌的例子。2014 年，在搜索引擎领域，谷歌占有 68% 的市场；其次是微软，占有 19%；第三，是雅虎，占有 10%。显然，谷歌在这个领域是垄断企业。可是，谷歌会对外宣称自己是垄断企业吗？当然不会。

"树大招风""枪打出头鸟"，这些古老的谚语讲的都是同一个道理：炫耀垄断会招来检查和审核，甚至企业会因此遭受打击和排挤。所以，为了自我保护，垄断者一定会撒谎，夸大竞争，把自己形容成大池塘里的一条小鱼，随时可能被人吞下肚去。而实际上呢，这种竞争根本不存在。例如谷歌的做法更高明，它把自己定义为多元科技类公司。除了搜索引擎，谷歌还生产其他十几款不同的软件产品，比如自动驾驶汽车、安卓手机等等，但这部分的收益非常少，95% 的收益仍然来自搜索引擎广告。

谷歌把自己定位成科技类公司，意味着它不拿自己的强项搜索引擎跟人竞争，而是竞争自己的弱项科技消费品。想想看，全球科技类消费品市场的规模达到了 9640 亿美元，谷歌只占了不到 0.24%，按照谷歌的这种定位，它当然不是垄断企业。

那么，非垄断企业又为什么要撒谎呢？

非垄断企业的谎言跟垄断企业相反，它们喜欢把市场描述得很大，竞争对手却很少，以此突出自己的独特性。比如，红极一时的共享充电宝赶上了共享经济的风口，可是没过几个月就进入衰落期。共享充电宝最大的问题就是过分强调自己的独特性：自认为拥有整个市场，相信自己的产品在市场中是唯一的。但是，企业忽视了一个问题：竞争真的那么少吗？要知道，手机电池厂商会改进技术，让手机电池更耐用；还有很多人宁愿自带充电宝，也懒得完成复杂的手续使用共享产品；更何况，如果用户身旁有个插座，很多人会毫不犹豫地选择用插座充电。这些行为都是共享充电宝激烈的竞争对手。

第一次看《从 0 到 1》这部分内容时，我相信我的脸应该是红的，这不就在说我们公司的情况么，在创业早期撰写 BP（商业计划书）时，喜欢把市场描述得很大，但是把竞争因素考虑得很少，隐含着突出自己的优势，但实际上并没有什么用。相信很多公司也犯过类似的错误。

## 为什么大多数人相信不要把鸡蛋放在一个篮子里？

我们的传统观念告诉我们，不要把鸡蛋放在一个篮子里，多数人也信奉这一点。但彼得告诉我们，真正维护利益的做法，是尽可能把鸡蛋放在一个篮子里。

传统观念的理由是在不确定的情况下，你选择的篮子越多，投资组合越多样化，你所承受的风险就越小。中国也有很多俗语：不要孤注一掷！不要吊死在一棵树上！这些话听多了，好像就是真理了。那么，"不要把鸡蛋放在一个篮子里"，这么做的问题到底在哪里呢？

彼得告诉我们，问题在于忽视了一个重要的神秘力量——幂次法则，这个世界是符合幂次法则的，而不是钟形曲线。我们以创业为例：

这个社会上创业公司的生存状况，有两种分布可能性：正态分布（钟形曲线），有些公司赚钱，有些公司赔钱，有些公司不死不活；或幂次分布（幂次法则），少部分公司盈利，剩下大部分都亏损。用钟形曲线来思考的投资人会认为，我应该把鸡蛋放在不同的篮子里，这样可以分担风险，但彼得·蒂尔认为，如果我们用这样的方式思考的话，事实上，你赚了钱的项目，很容易被不赚钱那些项目给消耗掉。同时，把你手上有限的资源平均放到好多个不同项目上，最后即便有一个项目能够让你获得收益，也会因为你投入的资源太少了，所以获得的收益也少得可怜。这个世界上遵循幂次法则、懂得幂次法则的人，一定懂得要把精力专注在最有价值的事情上。

还是以创业为例，一个懂得幂次法则的创业者会做哪些事情呢？

首先在创业之前，他需要深思熟虑。因为他需要算这笔账：创业能拥有100％的股权，可是一旦公司倒闭，就会全赔进去；相反如果放弃创业，加入一个发展迅速的一流公司，比如谷歌，那么只要拥有 0.01％的股权，获得的回报就超过 1.1 亿美元。这笔账一定要先算清楚再做决定。

如果他已经创业了，他需要相信幂次法则无处不在，某个微小的事情有可能起着决定性作用：一个市场可能会胜过其他所有市场的总和，一种分销策略的效果可能比其他所有策略加起来还要好，一个产品功能吸引客户的效果可能超过其他所有功能的叠加。他的眼光需要比公司的大多数人看得更远一点，对某个市场或者分销策略或者产品功能加大支持力度。总之，彼得告诉我们创业的一个重要秘密是，尽量把更多的鸡蛋放在一个你相对比较有把握的篮子里，而不是把鸡蛋平均分在几个篮子里。但是一定要仔细盘算之后再去冒险，考虑清楚所有的情况和因素，做出理性客观的分析，再做判断，绝不能头脑一热而孤注一掷，也不可平均主义。

## 垄断企业都有什么特征？或者如何打造一家垄断企业？

彼得在书中花了相当多的篇幅描述垄断企业的特征，归拢起来主要是以下四点：

1. 专利技术：你所创造的产品，比过去的产品，至少应该有十倍以上的优势。通过微创新改进获得超越竞争对手的微弱优势，之后再通过竞争获胜的方法并不可取。

2.网络效应：企业的产品最好随着用户的增多而增加，用户和供应链双侧都能受益且边际效益递增，还可以通过互联网人传人的方式不断扩张。

3.规模经济：这个无须赘言，如果只有几万人用谷歌，那谷歌必死无疑，但当全球有30亿人都在用的时候，谷歌的市值就超过了一万亿美元。因为在这种状态下，边际成本几乎为0，边际效益极大。互联网时代所有伟大的公司包括BAT、TMD都是这样。

4.品牌优势：伟大的企业一定会努力打造自己的品牌。对于类似苹果、谷歌、华为等垄断企业来说，品牌才是一个边际成本为0的真正利器。不垄断无品牌，反过来也一样。

接受上述理念后，我在企业运营中也力争这样去做：任何事情符合上述特征的，就要去做或者多做，不符合的就不做或者少做。例如，关于品牌露出问题，我们公司摸象大数据基于大数据＋人工智能，向金融机构提供营销和运营过程自动化系统以帮助其实现降本增效，从商业上属于2B方向，在推广时需要通过代理商和ISV（独立软件开发商）来拓宽销售通路。之前对于在终端客户的品牌露出不是很重视，现在我们高度重视，要求在终端客户那里要有"Powered by Mjoys"的品牌露出，可以接受双品牌露出，但我们的品牌一定要出现，无论是产品软件界面还是终端服务器上的标牌。另外，公关公司PR品宣也属于重要事项，这些都是潜移默化地受了本书的影响。

在本书开头，彼得提出了一个犀利的问题："在哪些重大的问题上，你和大多数人的看法不同？"彼得在面试时都会问面试者这个问题，他希望能找到跟别人有不同见解的人。因为他坚信，那些跟别人想法不一样的人，有可能也是对的，他希望和有这样独特见解的人一起组建团队。关于这一点，我开始还感悟不深，现在我越来越觉得这是一个很好的做法，现在我在面试时几乎都会问面试者这一问题，得到的回答也和书里描述的差不多：大部分人是随大溜的。

《从0到1》是本好书，尤其对于创业者和投资人来说，书里还有大量独到的观念和见解，限于篇幅不能一一给大家分享，直接反复阅读原著就能受益无穷。但是，任何事情都要把握平衡，我们也不能完全复制书本知识，彼得是在西方创业环境中总结经验写作此书的，而我们有自己的国情。因此我们需要记住彼得在此书中的至理名言：

> 你一定要记住，最反主流的行动不是抵制潮流。如果一个人整天都是抵制，有什么潮流你都抵制，这叫作不成熟。最反潮流的行动，不是抵制潮流，而是在潮流中不要丢弃自己的独立思考。当大多数人都说某些话，你可以附和他，也可以反对他，但请你一定要在自己独立思考过之后，再做出结论，这才是反潮流。

## ■ 个人简介：

**高鹏**，杭州摸象大数据科技有限公司创始人、董事长兼CEO。浙江大学计算机学院人工智能研究所博士毕业，师从潘云鹤院士。对于移动互联网用户的大数据分析和挖掘、基于机器学习和实时大数据处理的金融智能决策系统设计有深入的研究与实践，在国内外一级期刊发表多篇学术论文，获得多项专利。

## ■ 公司简介：

杭州摸象大数据科技有限公司（以下简称摸象大数据）是中国领先的数据智能公司。专注于通过数据和算法为金融企业提供机器决策和自动优化解决方案，帮助金融企业构建并达成业务数据化和智能化。核心客户包括中国建设银行总行、中国工商银行总行、中国邮储银行、中国银联等金融机构。

摸象大数据已获得金融数据智能相关的三项专利和 83 项软著，另有多项专利正在实质审查中，曾入围"第五届中国创新创业大赛"行业总决赛，斩获国家级优秀企业奖。公司目前已获得国内著名投资人田溯宁、吴彬的天使投资，赛伯乐投资、华瓯创投的 A 轮投资，上市公司浙大网新科技的产业投资，累计融资总额 6000 万。

◆ **高峰按**：

通过高鹏的解读，我们看到，《从 0 到 1》这本书最吸引人的点在于，彼得·蒂尔在书中多次先破后立，他以异想天开、特立独行的思维和宽广的知识体系为读者提出了诸多早已习以为常却值得深刻反思的商业洞见。书中的核心观点是，只有实现"从 0 到 1"的创新，才能创造新的价值，给人类带来更多可能性。在彼得·蒂尔看来，好的思维起点是"颠覆"，大多数人相信的实际只是真相的对立面。我们看到的创业，大多数是"从 1 到 N"，但真正伟大的事业是"从 0 到 1"。当今的社会是动态社会，一成不变、墨守成规只会被时代的车轮碾轧而过，对创业者而言，保持独立思考，敢于在重大问题上提出新的不同建设意见，才能在非零和博弈中取得竞争优势。

# 王旭龙琦：

## 企业文化凝聚组织共同体

——读《美德的起源：人类本能与协作的进化》

我 2013 年从浙大光电学院博士毕业，随即加入到创新创业的大浪潮中。

创业的过程中有机会接触到大大小小企业的董事长和总经理，也看着有些企业快速地从小到大，有些巨头企业轰然倒下……时而羡慕，时而敬畏。

我常问自己：创业的初衷是什么？实现自己的价值？这是一定的。但什么才算是价值实现，名利可能只是一种呈现方式，我想真正吸引我的是：可以利用自己的逻辑准确预测事态的发展，最终达到期望的目标。

创业初期，看了很多公司治理方面的书，涉及技术、产品、团队、管理、资本、现金、商业模式等，发现这些都是"招数"。作为公司最高决策者，有没有一种以不变应万变的核心逻辑，支撑我在各个方面做出准确的判断呢？——我想这正是我所追求的心法。

于是我开始看原理方面的书：经济学、心理学、东方哲学、西方哲学，甚至还看了些古希腊神话和宗教方面的书，希望能体会很多行为背后的核心逻辑到底是什么，以指导我做出正确的决策。

亚当·斯密在《国富论》中曾经说："生产力的发展源于分工的细化。"我高度认同这个说法。在当今这样一个高速发展的社会，几乎所有的创新都来源于此。

分工即意味着协作。组织内部需要协作，组织与组织之间也需要协作。前者决定着企业内部的组织架构以及配套的考核、绩效等一整套人力资源体系；后者决定着企业的商业模式及价值定位——做什么和不做什么。因此，探索协作的本质对于经营企业是极为有意义的。

《美德的起源：人类本能与协作的进化》是一本探索人类协作本质的书，是站在协作的角度对人性剖析极为到位的著作。

书的开篇从生物学的角度出发，简要阐明了自然界当中，一些看起来极为"利他"的行为实际都是受到"利己"的私欲驱动，从而发出了"美德从何而来"的灵魂拷问。

随后书稿针对"囚徒困境"的几种博弈策略，展开了详细的描述和分析——面对只有单次合作的情形，选择自私原则总是可以获利最大；面对长久的、持续的合作的情形，选择"以牙还牙"的合作策略可以获得最大的收益。

正如阿克塞尔罗德在他的书中写道："'以牙还牙'之所以能百战百胜，原因在于它是友好相待、报复反击、仁慈宽恕和一清二楚的结合体。它的友好相待避免让自己陷入不必要的麻烦；报复反击让对方一旦尝试过背叛以后就不会再坚持使用这一策略；仁慈宽恕有助于恢复相互合作的关系；一清二楚让它容易被对方理解，因此达成长期的合作。"

以此，可以探索企业商务合作中的一些策略。很多项目型的合作，就是一锤子买卖，这种情形很容易引发相互的背叛，因为可能今后老死不相往来。为了避免这样的情形，需要一种载体来保持和客户的持续性的交易关系，并逐渐建立信任，形成较为稳固的合作。比如工业领域，可能需要设计或者代理一些利润率很低但客户采买极为频繁的产品，我把它称作"狗产品"，帮助我们"看住"这个客户，通过这个产品建立信任，从而未来再将一些附加值较高的产品销售给客户。实际上这个"狗产品"的唯一目的就是建立持续长久的合作关系。互联网商业中的"日活量"其实也是一样的原理，所以如果有一款用户每天都会使用的产品，那效果就非常棒。

书的内容进一步以"以牙还牙"的博弈策略作为基础，推演并延伸到了人类和动物的很多行为。这其中有个很有意思的例子，就是人类的宴会，没有肉类食品的宴会好像完全没有仪式感。为什么在宴会中肉类食品那么关键？这种现象是如何演变到今日的？

第一种解释认为在原始社会，食物异常稀缺，肉类是大家集体合作得来的食品。如捕捉狮子、狼群、野狗，人类都是合作的猎手，大家彼此依靠才能成功捕获猎物，谁也承担不起不分享食物带来的严重后果。另一种解释就是肉食代表着运气。一个人之所以能带着一头大野猪回到营地，就是因为他的运气非常好。他也可能打猎技术很不错，但是即使技术最高超的猎人也需要有运气。所以，分享食物可以分担风险，同时也可以共享打猎带来的丰厚回报。如果他把肉拿出来与别人分享，同时希望别人也和他分享食物，那他就能基本保证每天都得到一点儿肉吃。所以肉食分享代表着一种互惠互利，是用自己当前的好运换取一份保险，为以后的坏运气做准备。

这样的博弈策略一直驱动着人类团体和社会的发展，促进着公共产品的形成。兰道夫在他的书中说道："科学史上最令人不安的一个发现就是基因的利益塑造了人类利他主义的倾向。理解这一发现会削弱道德对人的约束力——如果道德行为不过是发展个人基因利益的又一策略，那么克己为人岂不显得像傻瓜一样。"

亚当·斯密曾经提出，如果个体和他们所属集体之间有着足够的共同利益，他们就会联合起来压制那些与集体的幸福背道而驰的成员的所作所为。旁观的人会插手干涉，惩罚那些反社会的行为。但之后，他好像又在动摇这种说法，暗示社会并不是受到个体细心呵护的公共产品，而是个体为自身私利而奋斗的过程中几乎不可避免地带来的意外结果。

亚当·斯密看起来有所悖论的描述，最终由弗兰克的道德情操论解决了——在互惠互利和集体精神之间建造了另一座更加现代的桥梁。囚徒困境这场博弈里所面临的挑战就是要吸引正确的合作伙伴，有道德的人可以联手合力，共同获得好处。一旦合作者联合起来，一种全新的进化力量就会起作用：这种力量让集体和集体相对抗，而不是和个体相对抗。

说到此，可以发现人类团体形成的基础就在于道德的差异。而道德在不同的集体中的表现又是极为不同的，它作为一种共同的价值观，逐渐成为团体社会中的意识形态，成为所谓的文化。而因此引发的交易、冲突、战争、外交等一系列事件，其根源无一可以逃脱文化的差异。

本书中对此有详细的阐述，留给感兴趣的书友再去翻阅，这里不再剧透。

这本书向我们揭示了社会运行的由来。社会的运行法则并不是人类有意识的作为，而是由人类自私的本性演变而来的、从开始就注定形成的一种结果，或者说社会形态本身就是一种人性。

认识这点非常关键，它有助于我们分析面对的局势，做出正确的决策。任何人都是社会人，尤其是在当今需要合作的社会，没有人可以脱离社会，独善其身。寻找一种与社会合作发展一致的方向，建立正确的人生观和价值观可能是最值得思考的底层逻辑。

我刚开始创业的时候，常有人和我说到企业文化的重要性。我当时一知半解，认为企业文化就是一种口号，一种向公司内部和外部传递的理念或者目标，是用来彰显公司的价值观的。这个固然没有错，但随着我的认识的提升，我发现以前看到的只是一种表象。

所谓文化，我认为就是流淌在每个人血液里的意识形态和行为准则，比如南方人喜欢喝粥，北方人喜欢吃馒头，这其实就是文化。中国人喜欢落叶归根，对于家乡和父母总有无法割舍的情结，不同于西方人的父辈和儿女之间的独立。

道德也是一种文化，人性本身是自私的，但社会作为人的集合，需要在个体自私的基础上持续发展，这就需要一种大众的行为准则和价值观，使得在这个集体里的个人都积极地利他，去维护社会的稳定。纵然很多道德对个体是有损害的，比如无私奉献。很多道德从投入产出比上看是"傻瓜式"的，比如拾金不昧……但是它们的价值就在于社会需要这样的准则以实现稳定。

当然会有与此前完全不同的价值观出现，但在这种价值观没有形成文化之前，一旦之前的文化被否定，整个社会就会大乱。

因此，企业作为一种集体的形态，需要具备属于自己的价值观，以统一所有员工的行为准则，和理念相悖的企业放弃合作，与理念相投的企业成为合作伙伴。最终与很多和自己价值观相近的合作伙伴一起，形成大的商业集体，在整个竞争中抱团取暖，共同与另一支商业集体博弈。

企业文化形成后，颠覆性的改变会给企业带来灾难性的打击，也有很多企业文化不同导致并购失败的案例；企业内部的所有决策也不可能让所有的员工都满意，因为真的核心员工只能是用企业文化去筛选的，他们是企业文化的执行结果而不是形成原因。

每个企业的文化会和经营者的性格有着千丝万缕的联系，一个成功的企业一定是持续地做一件对的事情，那么所有的决策一定也是不断地遵循同一个底层核心逻辑。因此，作为企业的总负责人，建立唯一的、不变的价值观，并在经营决策中不断地、反复地将其落地，促成企业文化形成，是一家企业能够成功的必要条件。

# ■分享人简介：

**王旭龙琦,**杭州利珀科技有限公司创始人、董事长兼 CEO。

浙江大学光电学院 2013 届光学精密仪器方向博士,宁波永新光学股份有限公司企业博士后,青山湖科技城创新领军人才。曾获 2017 年第三届教育部中国"互联网＋"大学生创新创业大赛全国金奖。多次主持和参与国家、浙江省重点课题研究,包括大范围大尺寸高速原子力显微镜系统设计及开发、新型光热微驱动器设计及研发、金属材料光致表面波的研究、基于光子晶体微结构的色彩调控技术等等,在攻读博士学位期间包揽所有高等奖学金,并获得浙江大学优秀博士毕业生等荣誉。

# ■公司简介：

杭州利珀科技有限公司(以下简称利珀科技)专注于机器视觉工业检测解决方案,以自研光学成像系统、机器视觉算法和图形化算法集成开发平台为技术核心,针对制成过程中的产品质量监测、生产流程追溯、制造工艺优化和高精度机械定位引导提供解决方案。

利珀科技被评为临安区集成电路装备示范企业、杭州市企业高新技术研究开发中心、浙江省视觉检测省级研发中心。2018 年 9 月,利珀科技"基于人工智能技术的光学薄膜在线缺陷检测系统"被认定为浙江省重点研究计划;2018 年 12 月,"平面材料视觉在线检测系统"项目成为临安区战略性新兴产业科技成果产业化项目;

2020年1月，利珀科技自主研发的"晶硅电池视觉在线缺陷检测设备"被评为2019年度浙江省人工智能优秀解决方案。

◆ **高峰按：**

王旭龙琦的解读让我们看到，《美德的起源：人类本能与协作的进化》一书对美德的来源，以及人类社会的信任与协作进行了有意义的研究。我们看到，个体的私欲与互助并不是完全不相容的，实际上，人类的合作本能或许就是由作为人类与生俱来的自私行为的一部分进化发展而来的，互助协作让我们自己和他人都受益。正如亚当·斯密所说，人的自私，将导致整个社会福利最大化。

国家、社会如此，企业、集体也一样，企业要想长久保持竞争力，文化是关键，在企业内部必须有一个成员共同遵守和认可的价值愿景和行为规范，这种文化理念如同"看不见的手"，推动整个有机体生生不息，不断发展。

## 周伟：

破旧立新、守正出奇，打破企业的"增长魔咒"
——读《第二曲线创新》

　　《第二曲线创新》的作者是混沌大学创办人李善友教授。这本书围绕的一个核心主题,即如何帮助一家企业持续不断保持业务增长。过去几十年,中国的企业靠人口红利(比如互联网人口红利、移动互联网人口红利)、管理体系的持续完善来保持业务持续增长。未来,人口红利对增长的助力逐渐疲软,而管理体系为增长提供的想象空间趋于上限,那业务增长点在哪里?《第二曲线创新》一书给了我们答案,即创新。在本书中,李善友教授给出了创新的定义,并以创新为主题总结了12个创新思维模型,按照这些思维模型进行创新就像对照菜谱做菜一样简单,本书值得每一位创业者花时间深度阅读,并付诸实践。

　　这本书并没有以创新为书名,而是特意在创新前加了一个定语——第二曲线。如果把企业的起家业务称为第一曲线(比如美团的团购业务、阿里的B2B业务、字节跳动的今日头条等),那么企业内部孵化出来的创新型业务就可以被称为第二曲线(比如美团的外卖业务、阿里的淘宝及阿里云业务、字节跳动的抖音业务等)。

主流商学院讲的主要是在第一曲线上做连续性创新，使得第一曲线业务实现增长。以诺基亚为例，如果你是诺基亚的高管，那么商学院可能会告诉你如何让诺基亚的功能机卖得更多，而不是教会你如何做出智能手机来取代功能机。这种第一曲线式创新有个极其严重的问题，即第一曲线业务必将遭遇极限点，无论你之前的市场份额多么大，团队多么强，企业最终都会走向灭亡。例如数码相机的面世，就是胶片相机的极限点，导致柯达走向灭亡；智能手机就是功能手机业务的极限点，导致诺基亚走向灭亡。柯达和诺基亚的案例足以证明，无论之前多么辉煌的商业帝国，一旦遭遇极限点，最终都会变成流沙，彻底消失。

我们可以延缓极限点的到来，但无法完全消除它，这也是企业的宿命，到达极限点是大企业的第一大死因。还记得诺基亚卖身给微软时，诺基亚的CEO说了这么一句话，"我不知道做错了什么，但我们就是输了"。这是一个非常残酷的案例，诺基亚一直以卓越的管理而著称，但往往卓越的管理反而会限制企业向第二曲线转换，加速企业的消亡。这时候，就需要我们了解第二曲线。所以，《第二曲线创新》并不是教会我们如何把现有的业务做得更好，而是教会我们如何在企业内部不断孵化出第二曲线业务，持续保持公司业务增长。

还记得BAT时代吗？当然现在已经成为过去。百度在第二曲线的探索上，始终没有跟上腾讯和阿里巴巴的步伐。阿里从B2B业务起家，但是现在支撑起阿里估值的并不是B2B业务，而是阿里成功地从内部孵化出的淘宝、支付宝、阿里云、菜鸟等业务。腾讯从QQ起家，但是现在支撑起腾讯估值的并不是QQ，而是微信、游戏、广告、投资等业务。而百度，除了搜索，并没有第二曲线跑出来，现实就是这么残酷，没有任何一家企业可以只依靠起家业务保持业绩增长。我们常说的基业长青，不是一家企业靠起家业务一直保持增长，而是每个阶段都有新的业务跑出来，去替代原有的业务。

既然第二曲线创新对于一家企业如此重要，那有没有什么方法论可以指引我们更加高效地探索第二曲线式创新呢，本书中的组合创新思维模型就可以解决这个问题。

首先，我们得给创新做个定义：到底什么是创新。当我们提到"创新"时，可能很多人会将它与"发明""创造"联系起来，但事实上，这是对创新的传统型误解。创新并非创造全新的事物，而是把不同的事物关联起来合成新事物的过程。"组合创新"归根结底就是拆解基本要素，然后进行重新组合的过程。

举个例子，面包机是不是创新？其实我们把面包机拆开来看，无非就是烤箱、闹钟、搅拌机等常见的产品，但是把这些产品进行组合就形成了新的产品，从而满足用户新的需求。所以，面包机绝对可以称得上是创新。

在这里，我们不得不对创新做个精准的定义，创新不是发明，创新是将现有的旧要素进行重新排列组合成新产品的过程。旧要素可能是某个技术，可能是某个人，也可能是某个现成的产品。这些要素现在散落在"民间"，创业者要做的就是想尽一切办法把这些要素找到，并组合形成新的产品，用于新的场景，解决新的需求。就像我们玩乐高玩具一样，其实基础的组件就那么多，但是我们可以用这些组件通过不同的排列组合搭建出高楼大厦、飞机、火车等产品。所以，要想用好组合创新，创业者必须具备两个能力，一个是元素拆解的能力，一个是元素组合的能力。

如何拆解？就是将一个事物按照一定的逻辑，层层拆解，拆成一个个单一要素。拆的颗粒度越小，就越容易看到别人没有发现的机会，就有越多的组合可能性。

如何组合？将拆解完的元素相互组合，形成新的产品，并验证此产品是否真正改善了业务的效率、成本、营收、利润等指标。一般十个新产品能成功一个就已经非常厉害了，例如字节跳动其实孵化了非常多的产品，最后也只有抖音跑出来形成了字节跳动的第二曲线。

当然，组合成新业务之后，还需要面临竞争、组织打造等，这些你都可以从本书中找到可用的思维模型，这里不再赘述。

书链的起家业务是一款服务于国内教育出版商的 SaaS 软件，可以将其看成是公司的第一曲线。通过四年的运营，目前书链平台拥有超 12 万本教育图书配套资源、超两亿注册用户、超三万中小学老师、超两万门课程等资源，这些资源都可以看成是旧要素。此外，市面上所有的云服务商提供了各种各样的智能教育接口（如拍照阅卷、口语测评、人机对话等等），这些接口都可以为我们所用，不用非得自己发明前无古人的功能。最后，在民间有用不完的人才资源，我们切入图书销售，就会找到行业最牛的那批人。总之，我们要做的事情就是通过不断做旧要素组合（见表 1），寻找新的方向。例如通过表 1 我们认为 to G 的双师模式会是未来的趋势，名师给全国 K12 学生上课，体制内老师只需要负责答疑解惑，然后快速组建匹配的团队，将产品以最小可行性的方式做出来推向市场，如果数据表现好，就投入更多资源快速复制，数据表现不好就淘汰然后寻找新的方向。

表 1　在线教育元素拆分表，可随意组合新方向

| 类目 | | 供给侧 | | | 需求侧 | | | | 连接模式 | | | |
| --- | --- | --- | --- | --- | --- | --- | --- | --- | --- | --- | --- | --- |
| | | 老师 | 工作性质 | 环节 | 对象 | C类型 | B类型 | 城市 | 师生比 | 场景 | 产品 | 上课模式 |
| 内容 | 英语 | 名师 | 全职 | 教 | TO C | 幼儿 | 线上教育机构 | 一、二线城市 | 1v1 | 线上 | 公众号 | 直播 |
| | 理科 | 教研＋普通老师 | 兼职 | 学 | TO B | K12 | 线下教育机构 | 三、四、五线城市 | 小班（20人以内） | 线下 | APP | 录播 |
| | 大语文 | 普通老师 | | 测 | TO G | 大学生 | | 乡镇 | 中班（20－500人） | OMO | 小程序 | |
| | 编程 | AI老师 | | 评 | | 职业人群 | | | 大班（500人以上） | | H5 | |
| | 思维 | | | 练 | | | | | | | PC | |

续表

| 类目 | | 供给侧 | | | 需求侧 | | | | 连接模式 | | | |
|---|---|---|---|---|---|---|---|---|---|---|---|---|
| | | 老师 | 工作性质 | 环节 | 对象 | C 类型 | B 类型 | 城市 | 师生比 | 场景 | 产品 | 上课模式 |
| 产品 | 获客 | | | | | | | | | | 社群 | |
| | 促活 | | | | | | | | | | 个号 | |
| | 留存 | | | | | | | | | | 企业微信 | |
| | 变现 | | | | | | | | | | | |
| 服务 | 咨询 | | | | | | | | | | | |
| | 答疑 | | | | | | | | | | | |

目前,书链体系下有近十个项目在运行,每年都会跑出一两个盈利的新业务,以此来保证公司整体持续增长。

## ■分享人简介:

**周伟,**书链创始人、董事长兼 CEO,毕业于浙江大学计算机系,考研畅销书作者,在线教育连续成功创业者。

2015 年,在线教育大爆发,基于在教育出版五年的创业经验,周伟成立了杭州云梯科技有限公司,并于 2016 年上线了一款教育图书读者服务平台——书链,专注于为教育图书出版商提供读者的获取、连接、运营、变现等全套的技术、数据、运营解决方案。

## ■公司简介：

    杭州云梯科技有限公司总部位于浙江省杭州市，并在北京、成都设有研发中心及客户服务中心。截至 2020 年 7 月，公司已经完成由多家知名创投机构领投的超 1.5 亿人民币的投资。书链累计服务超 900 家教育图书出版商，接入教育图书品种超 12 万，服务读者超两亿。书链知名客户代表有诸如新东方教育集团、曲一线、星火教育集团、万唯教育集团、金星教育集团、全品文教集团、世纪金榜图书、荣德基教育集团等。

## ◆ 高峰按：

    增长，是所有企业的首要战略目标和生存法门，因为一家企业如果丧失了增长的可能性就犹如被宣判了死刑。但往往最渴望的，也会成为最制约的，正如哈佛大学教授克莱顿·克里斯坦森在《创新者的窘境》一书中所说，越是过去那些依靠卓越的管理水平而持续获得竞争力提高和业务增长的企业，越有可能加速死亡的进程。周伟深度解读的《第二曲线创新》，强调的正是企业面对非线性增长临界点时要敢于打破陈规，采用组合创新、分形创新等手段实现破坏式创新，找到企业增长的第二曲线，为企业寻求新的增长空间。

秦旭斌：

在复杂性系统中学习创业与生存之道
——读《复杂》

第一性原理、复利、概率、规模、不确定性、颠覆性创新、增强回路、终局思维、分形、涌现、失控，这是我这两三年经常思考和学习的几个词，虽然看起来彼此关联度不高，却都与个人、企业的生存和发展息息相关。

为什么特斯拉能颠覆汽车行业？

为什么美团能在酒店预定行业战胜携程？

为什么阿里、腾讯这种万亿市值规模的巨头还能每年保持以10％以上，甚至能达到50％的速度快速增长？

为什么要来一线或准一线城市创业或生活？

为什么创业公司这么怕巨头的进入？

为什么拼多多能对阿里产生实质性威胁？

为什么烧钱模式无法一直持续下去？

这些问题、这些知识在很多场合都和另一个词关联在了一起——复杂系统。在多次提及之后，我就对复杂系统产生了浓厚的兴趣，于是购买了第一推动丛书系列中的《复杂》，作者是梅拉妮·米歇尔（Melanie Mitchell）。这本书读起来很痛苦，难度系数很高，是介绍复杂系统的全面性和深刻性的一本书。在阅读过程中，也会经常和《失控》《反脆弱》《规模》等经典著作产生关联学习，进而使我对一些商业现象和自己所在创业的项目有了一些思考。

作者梅拉妮·米歇尔是研究复杂系统的前沿科学家，也是圣塔菲研究所的客座教授。这本书全面介绍了复杂系统，包含生物、技术、社会学等领域，探寻了复杂系统的普遍规律，并探讨了复杂性与进化、人工智能、计算、遗传、信息处理等相关领域的关系，深入浅出而又发人深省。

蚂蚁是非常简单的动物，而蚁群却有超常的"集体智慧"；

在大脑中，神经元是相对简单的，神经元只与附近的神经元进行有限的通信，而大脑的整体结构却极为复杂；

在经济系统中，个体对商品的购买或出售是相对简单的，而整个市场的行为则复杂而无法预测；

在互联网上，每个人都看不到网络的全貌，只是简单地与有限的网站或个人进行连接，而互联网整体却表现出一些出人意料的宏观特性。

以上的蚁群、大脑、经济系统、互联网都是复杂系统，都是由大量的个体组成的整体，而且个体与个体之间都是通过简单的规则实现连接、通信等互动行为的，这种大量个体自组织产生的涌现行为就体现了"复杂"。

## 涌现——数量就是质量吗？

巴菲特定义的企业四大护城河之一就是规模效应，大部分企业也都是做到了规模效应而产生了良性的商业循环和很强的竞争壁垒。但是规模效应显然不是简单的数量多，而在于在数量多的情况下产生了"化学效应"，由量变产生了质变。以前总是认为质量和数量是两码事儿，而随着看到的事情越来越多，发现更多的事情是相对的。

硅谷著名投资人王川曾写过一篇文章——《王川：论数量就是质量》，让我对量变产生质变有了更深的认识。他说数量就是最重要的质量，大部分质量问题，在微观上看，就是某个地方数量不够。让我在这一点上产生共鸣的是对"专家"这一定义的理解，真正的专家并不仅是理论上的专业人士，很多领域的专家（权威）无非是在这一领域研究的次数足够多，几乎所有的错误都遇到过并分析总结过而已（这里的错误不是指单个错误，善于总结的人在遇到一个错误时能把相关的所有错误都推演出来，因此可以理解为这一类的错误他都遇到过了）。

以我们自身举例子，我们自认为在无人自助咖啡机领域已经非常专业，而这两三年里，我们对接了主流的几大工厂的咖啡机，在实践中遇到了不下1000个问题，所有咖啡机部件的问题几乎都遇到过并得以解决，并被积累在我们的知识系统中，达到举一反三、同样的错误不重复犯的效果，我们也切身体会到了成为专家的过程。在这方面，数量就是质量，并不是某一次的错误带来了质变，而是众多的错误分析产生了质变的涌现。

十根筷子和一根筷子的道理每个人都知道，有数量级的差异就会有质量的差异。畅销书《规模：复杂世界的简单法则》中认为：数量增长的同时，其他因素的增长是不成线性比例的，所以一个城市人数增加一倍，所需要的加油站只需要增加 0.85 倍。这种成本亚线性的增长帮助我们理清楚了规模效应的一个方面。

屋里咖啡在杭州只有 100 台咖啡机时，运维成本很高，从一个点跑到另一个点路上耗费的时间很长，需要三四个人才能运维好；当在杭州有 1000 台咖啡机时，十公里范围内就有 100 台咖啡机了，就变成一个人就可以运维100 台咖啡机；当在杭州有 10000 台咖啡机时，两公里范围内就有 100 台咖啡机，那个时候的运维效率将又会提升一个级别，运维成本应该能下降一半以上，而客户感受到的服务质量也会提升一个台阶。这一降一升，不仅展示了良性的规模效应，也展示了很强的护城河效应。

## 分形——如何实现降维打击？

书中第 17 章讲了"比例之谜"，生物学里有一个概念是"基础代谢率"，是指维持一个生命体所需的最低能量消耗。一个人的基础代谢率相当于一只90 瓦的灯泡。生理学家马克斯·克莱伯发现生物的代谢率与体重的 3/4 次方成正比。比如大象的体重是老鼠的一万倍，而它的基础代谢率只有老鼠的 1000 倍。后来生物学家还发现，脑容量与体重的 3/4 次方成正比，寿命与体重的 1/4 次方成正比。这个"4"是从哪儿来的呢？原来毛细血管系统是四维的。第一次知道这个知识时我被震撼了，三维空间中存在四维的东西，这太神奇了。

后来了解到，这就是分形。分形结构就是把一个东西的局部放大后，会发现和整体很相似，再把局部的局部放大，又会发现和局部很相似，可以这样一直循环下去，这就是自相似。海岸线、雪花、树权等都具有分形的特点。

最近几年，分形学思维被应用到了很多商业实践当中，美团、字节跳动是具备分形结构的。阿里的各个事业部之间分工协作，每个事业部下面的产品线也分工协作，每个产品线下面的模块部门也分工协作，而每个模块下面的团队也分工协作，这不是简单的分级，更像是分形。这之间的差异是分级没有魂，而分形却是有魂的，阿里的使命愿景价值观在各级上都在贯彻执行，从而使阿里这个经济体具备了更高的维度。在新冠肺炎防疫工作中，阿里经济体能做到的事情就变成独一无二的了，比如健康码、消费券。

这也说明了巨头在其覆盖的核心领域内，比中小公司具备更高维度的能力。小公司的身家性命在巨头那里连一个手指头都算不上。我们在第一次创业时做了一个组织通讯录 App，2014 年得知企业微信和钉钉要推出的消息后，我们经过慎重考虑就果断转型了。组织通讯录是企业微信和钉钉的基础核心功能，一个单独的组织通讯录 App 是不可能长大的。

当然，巨头的降维打击也是有限制的。比如雀巢做办公室现磨咖啡业务和我们屋里咖啡做的是在一个维度上的，因为咖啡机、速溶咖啡、瓶装咖啡、咖啡店基本上是独立的，而不像钉钉的聊天、审批、通讯录等功能都是耦合在一起的，耦合才能升维度，才能对小玩家进行降维打击。所以，在星巴克全国 4000 多家店的情况下，小玩家开咖啡店是能被星巴克降维打击的，单独以咖啡店为营生的 95％ 以上的咖啡店都倒下了。而全家便利店、麦当劳、肯德基做咖啡业务是其在主营业务之外的补充，相比单独开咖啡店是升维的，和星巴克可以共存。

## 自组织——简单造就了复杂吗？

复杂系统的关键是简单行为的相互作用。

举一个蚁群搜索食物的例子，蚁群中搜寻食物的蚂蚁随机地朝一个方向搜索，如果遇到食物，则返回蚁穴，沿途留下作为信号的化学元素——信息素。当其他蚂蚁发现了信息素时，就有可能沿着信息素的轨迹前进。信息素的浓度越高，蚂蚁就越有可能跟着信息素走。如果更多的蚂蚁找到了那个食物并返回蚁穴，信息素的轨迹就会增强。如果信息素的轨迹得不到增强，则会逐渐消失。通过这种方式，蚂蚁们一起创造和沟通关于食物位置和质量的各种信息，并且这种信息还会适应环境的变化。

这不就是典型的增强回路吗？而且最厉害的还在于其中的概率性和随机性，蚂蚁并不是发现信息素就一定沿着信息素的轨迹走，信息素只是提高了其他蚂蚁沿着信息素轨迹走的概率而已，这种行为大大增强了容错性。蚁群就通过这么一个简单的规则，找到了较优的食物源。

大雁组成人字形、海里的鱼群运动，都是个体遵循简单的规则而产生了群体的复杂行为。所以，其实是简单造就了复杂。

阿里巴巴这个复杂而庞大的商业帝国就是在坚定不移地执行简单的规则——使命、愿景、价值观的基础上发展壮大的。这些年来，越来越多的公司认同了使命和愿景的重要性，就是因为使命、愿景是组织中成员遵守的底层规则。同样的数十万人的企业，有的臃肿而低效，有的却庞大而敏捷，差异不在于个人，那些低效的大公司里也不乏优秀的人才，而差异点在于这些简单的底层规则。

四种相互作用力①，形成了目前的宇宙。何其简单又何其复杂。虽然简单形成了复杂，但是我们也会发现所有的复杂系统都不简单，复杂系统都不是追求极致效率，而是追求平衡和稳定的。这对于企业而言，也是有非常好的借鉴意义的，很多在一个点上疯狂扩张的公司，在环境的波动中快速倒下或衰退，比如 ofo、WeWork 等，追求极致速度的扩张，却大大增加了公司的风险，一辆行驶得越来越快的汽车是很难发现路障的，强大的惯性使其碰到一块石头都有可能车毁人亡。

咖啡行业中，瑞幸咖啡是在 2017—2019 年间疯狂扩张的怪兽，两年多的时间超越星巴克 20 多年在中国开店的数量，而且每卖出一杯都会亏几块钱甚至十几块钱，这种追求极致开店效率的背后，是公司造假、严重亏损的隐患。瑞幸也必将面对市场这个复杂系统的惩罚和锤炼。而可惜的是，连咖啡原本在外送领域稳扎稳打，却被瑞幸咖啡带坏了节奏，跟着瑞幸开店、扩张，结果在 2020 年大面积关店。也许最终瑞幸咖啡能生存下来，而连咖啡却不一定能活下来。

简单和复杂就像太极，简单的目标催生了复杂的行为，瑞幸在快速开店的背后是管理团队造假、选址盲目等一系列漏洞；而简单的行为规则却能催生复杂而强韧的结果。近些年以字节跳动为代表的很多公司非常推崇 OKR（目标与关键成果法）的工作方式，其背后体现的是信任和透明，因此工作就

---

① 分别为引力、电磁力、强相互作用力、弱相互作用力。

会更直接而高效。在这一管理理念的指引下，字节跳动孵化出今日头条、抖音等多个复杂的生态系统，目前抖音上不仅有短视频，还有直播、影视、音乐、电商，简单的规则造就了复杂而强劲的生态。再比如乔布斯，在同一个产品理念下，用皮克斯颠覆了电影行业，用 iPod 颠覆了音乐行业，用 iPhone 颠覆了手机行业，用 Mac 颠覆了电脑行业，再一次印证了简单法则的强大力量。

我们屋里咖啡内部，也是从招聘开始就强调使命、愿景、价值观，使员工之间充分信任，能够独立决策又能高效合作。企业用"长期合作共赢"的心态去对待员工，对待合作伙伴，也就能更清楚该怎么处理遇到的各种问题了。斯坦福终身教授张首晟非常推崇"大道至简"的思想，欧几里得用五条公理可以推出所有的几何定理，牛顿用万有引力开启了机械论统治的世界，张一鸣用智能推荐算法开启了字节跳动的帝国之路，他曾说所有最重要的决策在创立公司的三个月内都已经做完了。

以上是我从《复杂》这本书及相关资料中由学习和思考得到的一些收获，很多简单而深邃的复杂科学的思想值得我们去好好阅读和思考：整体大于部分之和、数量就是质量、规模的非线性比例、自然界中的规程就是计算……这样的书常读常新，一定会给我们的人生和创业带来更透彻的认知提升，使我们活出复杂人生的意义。

## ■分享人简介：

秦旭斌，屋里咖啡联合创始人、COO（首席运营官）。2014 年毕业于浙江大学控制学院，获研究生学历，浙江大学创新与创业管理强化班（ITP）2007 级成员，首届浙商素养班成员。连续创业者，创业项目有：查好友、11 点 11 分、简爱、屋里咖啡。

## ■公司简介：

杭州啊啦屋里智能科技有限公司于 2017 年创立，旗下品牌屋里咖啡（Wuli Coffee）是国内领先的智能现磨咖啡服务专业运营商，一键免费打造咖啡角，并提供咖啡豆、咖啡机到咖啡店的全链路服务。目前已服务数千家政企单位，如大华、海康、钉钉、浙江卫健委、浙江大学、杭州师范大学、杭州市总工会、大都会人寿、嘉兴公安局、腾讯大浙网、南都物业、盈纳集团、兑吧、个推、云集等。

### ◆ 高峰按：

大脑、经济、城市、公司组织、互联网、社交网络，这些我们每天沉浸其中的都是复杂系统，要理解和操控它们，都离不开复杂理论。复杂性科学的核心问题是：自组织行为是如何产生的。其思想理论和研究成果已经几乎触及所有的科学领域，成为生物学、社会学、组织学等范畴的底层逻辑基础。秦旭斌的解读，以清晰的思路介绍了复杂系统，并结合自身的广泛涉猎分享了增强回路、分形、涌现、失控等相关概念，可以帮助我们更好地理解复杂性系统的内部结构和运作机理。

邱懿武:

发现意义比解决问题更重要
——读《意义创新》

　　《意义创新》的作者是米兰理工大学领导力与创新教授罗伯托·维甘提（Roberto Verganti），他是著名的创新管理专家，也是"设计驱动创新理论"（Design-Driven Innovation）创立者，荣获意大利设计界最高荣誉"金罗盘奖"。他的上一本著作《第三种创新》于2009年被《商业周刊》评为"最佳设计和创新图书"。

　　我在2010年看了该书的英文版后给维甘提教授发邮件，希望把这本书翻译成中文引入中国，很遗憾那时候已经有团队在翻译了，这就是后来出版的中文版《第三种创新》。这本书加深了我对设计的认识，维甘提作为管理学领域的教授，对设计的理解超越了绝大部分设计学院的教授。在这本书中，他的设计驱动创新理论也解答了困惑我多年的问题：为什么乔布斯从来不做市场调研，却总能创造出伟大的产品呢？他在书中将第一种创新定义为技术的推动力，第二种创新定义为市场的拉力。而他提出的第三种创新就是设计的驱动力。

设计驱动创新是维甘提对意大利的企业进行调研后，得出的一套和主流设计创新截然不同的创新理念。他觉得这个时代不缺创意，甚至创意过度，全球有如此之多的工程师，我们不缺解决方案，缺乏的是理解这些大量存在的创意的能力，缺乏的是在一个未知的世界里提出新诠释、新愿景的能力。

中国的中小企业家基因和意大利的中小企业家有许多相似之处，对比于商学院的理性逻辑创新方法，我觉得维甘提的创新理论更加符合中国企业家的文化背景，他为我们提供了一个新的视角，让我们不要忽略了个人的文化修养，以及内心中驱动创造新意义的愿景。

"创新"是这个时代使用频率最高的词，也是推动社会发展的力量。《意义创新》这本书是维甘提教授的最新作品，在他提出设计驱动创新的理论后，引起了商学、设计学等领域的广泛讨论。他在新书中再次强化了设计驱动创新背后的底层逻辑就是构建意义的愿景和能力，提供人们喜爱的、更有意义的产品，这也是本书的核心。同时，他在本书中通过对智能家居 Nest Labs、苹果、扬基蜡烛、任天堂、飞利浦等品牌的剖析，提炼了意义创新的方法、工具和流程，以及如何实现由内而外的意义创新力。

本书从一家被谷歌以 32 亿美元天价收购的智能家居企业 Nest Labs 的故事开始。Nest Labs 公司的创始人托尼·法戴尔还有另外一个特别的身份，他是 iPod 项目的负责人，或者也可以称之为创始人。当年，他带着要做数字化音乐设备的想法找到了乔布斯，并吸引乔布斯在内部成立了该项目，他们一起开辟了苹果数字化中枢的战略。在 iPod 业务的基础上，长出了后来的 iPhone 业务。这起天价并购案让大家惊讶的是：Nest Labs 公司何以值这么多钱呢？这家公司除了创始人的背景外，为什么能让谷歌如此青睐，它们的产品到底有什么特别之处？

Nest Labs 公司的两款主要产品分别是家居恒温器 Learning Thermostat 和烟感器 Protect。这个企业的创造和产品背后的故事，就是作者想要重点研究的。Nest Labs 的两位创始人马特·罗杰斯和托尼·法戴尔还曾就是否要开一家智能家居公司有过争论。马特·罗杰斯向托尼·法戴尔提出想要创建一家智能家居公司的创业想法后,就遭到了托尼的反对,他认为智能家居是为极客设计的,其他没有人会想买智能家居产品。

随后,托尼因为自己刚好在装修新家,提出希望有一款先进的节能家居,但市面上的恒温器的操作界面(触屏显示、星期/日期、温度设置)都非常复杂和花哨,人们不得不花更多的时间来学习如何使用,这对老人和孩子来说简直是噩梦。他觉得这背后的逻辑本质上就是一种解决方案式的创新。托尼想为什么不根据自己家庭装修的经验,为自己开发一款截然不同的恒温器呢。他说自己的梦想是希望"让家里充满我喜爱的东西"。

五年之后,他们真的这么做了,他们重新发明的恒温器 Learning Thermostat 提出了和其他业内企业相反的全新意义:人们使用恒温器不是因为想控制温度,而是因为他们想不必控制温度就能舒适地待在家里。所以他们的恒温器是简单而智能的,不需要用户进行控制,它会自动掌握用户喜爱的温度和节能方式,让产品拥有"家的感觉"。恒温器会通过软件自动学习的方式了解主人的习惯温度,同时配合传感器实现在家和离家温度的自动调整。它的推出立即获得了大量消费者的喜爱,在短短三年之内,这款恒温器便销售了大约 100 万台,每台售价 249 美元,总销售额接近 2.5 亿美元。在2011—2014 年,这些恒温器总计节省能源近 20 亿千瓦时,引领了新一轮的智能家居革命。

作者通过 Nest Labs 恒温器的创造过程发现,托尼和马特所运用的创新方法和传统的创新理论截然不同。正如托尼所说,他们是从自己家庭装修的经验出发的,而不是先去做市场调研,也不是先了解清楚用户偏好和需求之后再开始行动。当消费者看到他们的产品给自己带来更有意义的生活体验后,便爱上了这款产品。时任谷歌 CEO 的拉里·佩奇对这笔收购说:"我们非常高兴将美好的体验带到更多国家的更多家庭并且实现他们的梦想。"

这句话的背后指出了 Nest Labs 公司的价值所在，即赋予产品新的意义，改变人们家庭的生活方式。

Nest Labs 公司的成功正说明了意义创新的生命力和价值，顺着这一逻辑，作者发现，很多伟大的企业也在运用意义创新这一创新方式，如苹果、宜家、爱彼迎、雀巢、优步、飞利浦、德勤等企业采用意义创新并取得了成功。这个逻辑的背后，是一种批判性的、由内而外创造新愿景、为世界带来礼物的能力。

这就更深入地解释了困惑我多年的问题：乔布斯为什么从来不做市场调研却能创造伟大的产品。设想乔布斯在做手机之前去了解消费者的偏好，问消费者你喜欢怎么样的手机，那么他能做出划时代的产品 iPhone 吗？iPhone 背后的逻辑，是乔布斯在创作一款他在生活中自己喜爱的产品。正如苹果公司联合创始人史蒂夫·沃兹尼亚克在被问到开发苹果一代和二代产品有什么想法时说道："人们绝不会喜爱你自己都不喜爱的产品。如果你自己不喜爱它，人们就会感觉得到。"

作者正是基于 Nest Labs 和苹果这样的案例，提出了无论是产品、服务、过程还是商业模式，都有两个层级的创新：解决方案创新和意义创新。

解决方案创新就是运用更好的创意来解决现有问题，用一种新方法来解决市场中的相关挑战。一种新的解决方案可能会带来渐进甚至根本性的改进，可是这些解决方案都朝同一个方向发展，它们都是"大同小异"的创新。

意义创新即重新确定值得解决的问题的新愿景。这使创新提升到了更高的层次——不仅采用新的方式，而且基于新的理由：它提出了人们使用某一产品的新原因，一种新的价值主张，对市场中哪些产品具有重要意义给出了新的诠释和新的方向。它将产品与客户的互动提升到了一个更高的层次——爱的层次。它关注的是对人的价值，如果不具备这一点，即使性能再好，人们也不会爱它。爱一个人和生活中的任何事物，都来源于意义。

书中描述意义创新最恰当的比喻是把它当作"礼物"，Nest Labs 恒温器是 Nest Labs 创新团队带给消费者的礼物。Nest Labs 带给了人们一个惊喜，一种人们会发现更有意义的新可能性。这就是意义创新的价值，它关心的不是如何创新，而是为何创新。

随着意义创新带来的商业成功越来越多，人们已经明确感受到，"意义创新是价值创造的关键源泉"。一方面是消费者在不断探寻意义。消费行为方面的几项研究表明，人们喜爱对自己更有意义的东西。他们爱上的是使用的原因，而不是使用方式。当今世界，价值的主要驱动力不仅是意义，更是新的意义。在没有其他竞争对手提出新的意义的情况下，专注于解决方案的创新仍然是行之有效的，但一旦有人推出了更有意义的新产品，即使再先进的解决方案也立刻会过时、落伍。在变化的世界里，关于对"什么是有意义的东西"的认识也在不断变化，赢得客户长久喜爱的唯一途径就是不断创新我们所提供的意义。

另一方面是意义创新不仅对客户关系重大，对企业战略也是如此。曾经作为主力的解决方案创新已经失去了制造差异化的能力，由于过去十年创新范式如开放式创新、众包等的广泛影响，企业获得创意变得非常容易，这在某种程度上导致创意是过剩的，甚至还造成"创意污染"。相对而言，在一个未知的世界里提出新诠释、新愿景的能力更为稀缺。因此，将创新提升到意义创新的层次已经迫在眉睫。

维甘提作为一位将意义创新理论运用于商业实践的学者，在指出意义创新应当成为公司战略的必要性和迫切性的基础上，还给出了运用这种创新方式的具体方法。在对比了解决方案创新和意义创新的方法之后，《意义创新》一书告诉我们，意义创新是由内而外，并且基于批评来构建创意的过程。

首先，我们需要组建一个有共同愿景的团队，从作为个体的我们出发，从构建我们希望人们会喜爱什么的假设开始；

其次，我们需要成对工作，以双人的形式践行批评艺术，双人是指有相似方向的两个人。通过彼此的合作，加深反思；

再次，我们需要构建圈子，精心挑选参与者，并密切合作，以研讨会的形式寻找仅从个人和双人特定视角看不到的新奇意义，以此来构建更加融合的全新的愿景；

然后，需要更进一步对外开放，尝试着面对外部人员，从不同角度来测试新意义的价值，帮助我们更深入地思考新愿景的含义；

最后，我们要请客户和大众，即那些可能会喜爱我们的提议的人来参与。

在最后阶段才让人们参与进来，并不是因为他们不重要，而是因为他们是我们礼物的接受者。有意义的东西，首先我们自己就要喜爱它，否则客户就能感受到我们对它缺乏内心的爱。人们只会喜爱我们怀揣爱心送出的礼物。

在当今急速变化的世界，无论在什么情况下，我们都不想应对一个只能被动接受其意义的世界。我们想创建新意义，创造能使人们的生活更好且更有意义的东西。我们想为人们，也为我们自己制作礼物。只有通过制作，我们才能传递礼物；只有通过制作，我们才能享受创造意义的极致喜悦。

## ■ 分享人简介：

邱懿武，杭州云造科技有限公司创始人、董事长兼CEO，科技设计创业者。擅长设计战略、创新管理、产业整合创新。具有独特的洞察力、科学前瞻性和商业思辨能力，擅长设计、科技、商业的跨界整合创新。

# ■公司简介：

　　杭州云造科技有限公司是以科技、设计、商业、文化为融合的产业创新平台，致力于打造成为传统产业升级转型的创新基础建设企业，为产业提供消费升级的战略咨询、商业策划、新物种孵化、渠道整合。公司创立于 2013 年，获得了美国高通、顺为资本、米仓资本、富士康、银杏谷、真格基金、雅瑞资本、紫米、藕舫等机构的千万美金联合投资。

## ◆ 高峰按：

　　创新是每一家企业的生命线，但创新又并非易事。在当下开放式、解决方案式等创新范式相对成熟的环境下，企业最稀缺的资源，不是创意，而是在大量选择中看到有意义的方向的能力。这也是本书的核心观点，重新思考何谓创新，深究产品对消费者、对社会的意义，并以之驱动研发创新。对于邱懿武而言，工业设计加创新管理的交叉复合学科背景赋予了他独特的设计洞察力和流程管理能力，让他在通往意义创新的道路上如虎添翼。

# 陆炜强：

## 凡事彻底，化平凡为非凡的力量
### ——读《扫除道》

　　我给大家推荐的书是由日本清扫学习会创办人键山秀三郎所著的《扫除道》。作者键山秀三郎先生并非职业作家，而是日本皇帽公司的创始人，他用几十年的实践来完成了对打扫厕所这件"小事"的独特理解，并对其实践过程中的各种故事进行了归纳总结，以最脍炙人口的方式分享给大家，让大家结合自身实际情况对自己的人生进行净化。

　　那么我为什么会给大家推荐这本看似"小题大做"的书呢？这也和我所从事的工作——农业创业孵化器建设和运营有关。因为农业创业可以说是门槛最低但又是最难的创业。如果说大学生创办企业五年成活率只有10％的话，那么大学生农业创业企业的成活率可能只有5％也不足为奇，99％的农业企业可能会因为一个小麻烦就 over 了，能够坚持下来并且发展壮大的寥寥无几。农业创业者会在创业过程中会碰到无数的小问题，更打击人心的是社会对农业创业者的一些偏见，而我自己就是其中的一个"异类"。我认为在比农业创业更让人难以接受的扫厕所的过程中所形成的精髓能够在高度发达的日本被称之为"道"，其必有值得称道的过人之处。这本书只有200余页，其中还有大量的经典小故事，读起来毫不费力，也给我带来了很多思考，更重要的是读完之后你会莫名地有种跃跃欲试、热血沸腾的冲动感，恨不得马上动手实践书中的观点。

## 关于扫除的动机

本书的作者键山秀三郎在书中阐述了其开始扫除的动机源于两点：年幼时父母的言传身教；看到战后日本经济复苏后的"人心颓废"，希望能够消除这种不良影响。两点原因都十分朴实，我先来梳理一下作者提到的第一点——年幼时父母的言传身教。键山秀三郎1934年生于东京，因为父母能干，所以儿时家境优越，称得上是标准的富二代。1944—1945年间，因为盟军轰炸致使其在东京的家因空袭焚毁而破产，被迫疏散到父母家乡岐阜县的深山里，经历过物质极度短缺的时期。父母虽然没有什么文化，却非常重视教养，对生活所经历的波折完全没有在意，键山秀三郎也从未听到过父母的一声抱怨。除此之外，父母对其的教育也非常严格，严格到今天看来都有点过分。日常生活中，脱下的鞋子必须摆放整齐，关门的时候不能发出声响，去百货店不能把店里的玻璃弄脏等等……当然父母对自己的要求也非常严格：耕作的农田里不能有杂草，担心干旱会让禾苗干死，就坚持挑水每日浇灌，那份永不放弃的坚持精神让作者记忆犹新。哪怕是自己的住处——一所破得屋顶上到处都是窟窿、几乎可以看到天空的房子，父母也是每天不厌其烦地打扫，一次次擦去孩子们留下的脚印，一遍遍擦去格子门（日式门称为格子门）上的灰尘，以至于方形的格子渐渐变成了圆形。父母的性格和生活方式对作者产生了深远的影响。

第二点是来自公司员工的影响，作者在公司成立之初给公司取了个高大上的名字"ROYAL"，提供汽车行业的相关服务，希望能够在日本经济腾飞之际迎来高速发展,而结果却是事与愿违,不仅前来应聘者寥寥无几,而且员工入职后也经常在公司抱怨、发脾气,心态越来越浮躁,甚至会一脚踢翻凳子椅子等等。看到这些,作者的内心希望能够找到一种方法让他们心情恢复平静,因为他深信只有平和的心态才能让企业发展得更好。而彼时他们所从事的行业也是口碑极差,员工态度野蛮,语言粗暴,经营环境恶劣,给消费者带来了很差的服务体验。虽然很艰难,但是如果不去尝试改变这些现状,公司将无法发展。从那时开始,作者默默坚持在公司做扫除活动,同时也帮助公司附近的店清理垃圾桶,打扫卫生,一点点去改变他们的观念。通过坚持不懈地扫除,他不仅清理了自己的工作环境,让公司的环境变得更好,同时也清洁了周围环境,让行业的口碑逐渐改善,与客户建立了"绝对放心、认可、信赖"的关系,最终赢得了客户的尊重,公司也获得了快速发展。

## 为什么要进行厕所扫除?

作者对为什么要对厕所扫除这一问题进行总结,具体来说包括以下五个方面原因。

1.可以成为谦虚的人。作者认为一个傲慢的人,无论他多么有才也不能给人带来幸福,所以为人的第一要务就是谦虚。扫除的时候没有人会从下往上扫,都必定是从上往下扫,也就是说扫除的姿势本身就代表了谦虚的态度。而且作者发现坚持扫除的人都毫无例外地变成了谦虚的人。

2.可以成为有心的人。作者认为世上成功者和失败者的差异在于是否做无用功。有心人是不会做无用功的,而最能激发人的"有心"潜质的便是打扫厕所。无心的人往往会给自己和周围的人带来不幸。成为有心人,就是在"大患"酿成之前就能觉察,在"小患"阶段进行应对,从而防止事情恶化到不能收拾的地步。在一件一件处理"有心"关注之事的过程中,更进一步锻炼了人的能力,人生之路也会越来越宽阔。

3.培养感动之心。作者认为人总是能够被那些放下身段、使出浑身解数拼命努力的形象所感动。特别是大家都不愿意做的扫厕所的事情,更是最好的实践。只要一心一意做好身边平凡小事,自己意想不到的感动就一定会到来。

4.萌生感恩之情。人不是因为幸福才感恩,而是因为感恩才幸福。作者认为一个人如果总是心怀不平和不满,绝对无法获得幸福。要想获得幸福,必须面对现状,并充分利用现有条件。也就是说,与其老是想着自己还缺什么,不如多想想自己都拥有什么;与其寻找不能做的借口,不如多想想自己现在还能干些什么。一个不能对日常善事感恩的人,往往会人为放大小的痛苦和烦恼,反过来,能够对小事感恩的人,却可以人为缩小大的痛苦和烦恼。

5.磨砺心性。作者认为扫除具有净化心灵的作用。特别是大家都不愿干的厕所清扫,它能让我们的心灵变得美丽。作者认为扫除的时候,人心多半是善良的,也不会产生憎恨情绪,扫除能够让人保持一种纯粹的心态。

## 扫除给各行各业带来了什么样的变化?

作者以自己的实践为基础,通过各种小故事对扫除给行业带来的变化进行了总结和梳理。因为案例比较多,我在这里也只能进行简明扼要的概括,希望能够给大家一些启发。

1.扫除给企业经营带来的启发。作者认为通过持续不间断的扫除工作,一方面可以改善员工的生产环境,扫除工作做得越发细致,生产环境就会变得越发清洁干净,生产效率和利润也开始转降为升。另一方面,更能够极大地促进公司的内部团结,提高经营业绩。这个规律在所有的生产型企业几乎通用。也逐渐让员工认识到成为"高尚的人"比成为"能干的人"更加重要。勿以人为对手,要以天为对手。以天为对手而尽已,可以不咎人,而寻我之诚不足。此外,通过扫除活动,还可以锻炼员工的行动力,使员工建立一旦发现问题,就立即动手解决的意识。

2.扫除给学校教育带来的启发。作者认为青少年成长所处的大环境正在不断变差,校园暴力和安全问题不断增多。这些问题已经严重威胁到孩子们的健康成长和发育。从深层次来说,这些现象实际上就是孩子"心灵颓废"的表现,也是对家长们的警告。因此,对孩子们进行"五心教育",让孩子们拥有忍耐之心、同情之心、自觉之心、感恩之心、诚实之心显得尤为重要。在此基础上,通过"自问教育",瞄准人性的原点,持续不间断地让孩子进行扫除工作,并在该过程中不下达任何指示和命令,充分发挥孩子们的主动性,促进每个孩子按各自的特点发育成长。

3.扫除给社会治理带来的启发。作者在书中重点叙述了问题青年和警察纠缠多年的矛盾,最后矛盾不是通过训诫和棍棒这些暴力方式解决的,而是和问题青年一起扫厕所,同时发动社会上更多的人一起参与,让这些问题青年第一次得到了社会的尊重,其中相当数量的人最后回归到了正确的道路上来。整个实施过程有些迂回波折,毕竟扫厕所这件事即使让普通人接受都比较难,何况是对于这些问题青年,他们难免有抵触情绪。曾经的"暴走青年"从刮除地面上的口香糖到伸手去擦洗便器,从警察的冤家对头变成扫除活动中的合作伙伴,这些让人震惊的改变反过来让社会对这些问题青年多了一份理解。更加难能可贵的是警察署还将这项活动坚持了下来,即使是高级官员也乐于亲自参与其中。

在本书中,作者还单独记录了一段其在中国某大学演讲时的经历。演讲结束后,有位大学生提问,他上大学的目的是为了将来能够干大事业,如果天天干扫厕所这样的小事,还能干成大事业吗?何况这样的小事还常常被人看不起! 对于这样的灵魂发问,作者的回答也直击心灵,作者认为即使是当着众人的面,捡起掉在地上的一个烟头,也需要很大的勇气和宽阔的心胸。人必须克服这种反感心理来锻炼自己的心性，才能让自己变得强大。

## 让我发生了什么样的改变？

1.让家庭变得更有温度了。在读书的过程中还有一个小插曲也分享给大家。我在读完这本书后就带着八岁的儿子一起动手把家里的三个卫生间全部打扫干净，小朋友觉得这是世界上最可怕的事情，从一开始的拒绝，到后来的完全接受，并且把他外公家的两个卫生间也一并打扫干净，这让我颇感意外。其实回头看来，还是印证了作者提及的人性，做好扫厕所这件"小事"，也需要很大的勇气，哪怕是对于一个只有八岁的小孩，天性告诉他这件脏活太难了，但是最后接受后，发现也没有想象中的那么可怕。当我说像外公外婆这个年纪的人，其实清洗厕所很累的时候，他反而觉得这是件很光荣的事情，就毫不犹豫去做了。

2.让每个农业创业者的心变强大了。在开篇我也给大家介绍了自己所从事的行业——农业创业孵化器建设和运营。说实在的，创业过程中最打击人的事情，我几乎都经历过了。到今天为止，我都知道自己依旧是农业创业大军中的一个"异类"，在村里依旧是乡里乡亲们特爱讨论的"问题人物"，一些人甚至还把我归类为以农业名义骗取政府补助的"高学历骗子"等等。但是我亲自带着公司全体员工默默在实践着扫除工作，我们的农业园区没有杂草丛生的乱象，柏油马路更是没有一颗泥土，绿化干净整洁堪比公园，每个卫生间都一尘不染，等等。员工从一开始的不理解甚至反对，到现在不用我提醒，每次作业完毕，一定会及时扫除，恢复原样。我们园区管理人员虽然不多，也就区区十几号人，但是管理着近100亩基地，为10余家大创企业服务。扫除这项工作，看似不起眼，但是给我们带来的益处确实是实实在在的。而且，我们也认为我们这些做农业的大学生创客很大气，因为我们的内心变强大了。

## ■分享人简介：

**陆炜强**，杭州蓝郡农业科技有限公司创始人、CEO。毕业于浙江大学生命科学学院，三农领域连续创业者，杭州市第十三届人大代表，农工委委员，同时也是第一批农业部培训通过的全国农村创业创新导师。曾获第十一届"全国农村青年致富带头人""浙江省农村青年致富带头人标兵""杭州市十佳农村青年致富带头人""杭州市大创之星"等称号。

## ■公司简介：

杭州蓝郡农业科技有限公司成立于 2012 年 8 月，现为浙江省农业科技企业、杭州市农业科技企业、杭州市农业龙头企业。公司主要从事农业孵化器建设与运营，农业技术服务，农业数字化管理，农产品生产、研发及销售。现有基地总面积 100 余亩。

公司于 2015 年开始建设杭州地区首个专注农业创业项目的孵化器——蓝郡农业创客园，经过多年的发展，目前园区已经成为国家级星创天地，浙江省大学生村干部创业基地，浙江省级青创农场。该项目已经累计投入 4000 余万元，建成了 1500 平方米创客服务中心、20000 平方米植物工厂、1000 余平方米的农业直播间。可为农创客们提供办公、生产、销售服务等在内的一站式农业创业服务，帮助他们在农业创业之路上顺利起航。

◆ **高峰按：**

陆炜强带来了一本很有意思的书。《扫除道》是一本探讨"清扫哲学"的书，作者用长达几十年的亲身实践践行了一个理念：任何人只要彻底做好平凡小事，就能产生非凡的力量，就能渐渐和别人拉开差距。该书倡导了一种质朴的人生理念：把工作当作人生的修行，在踏踏实实的工作中实现能力的锻炼、心志的提升，获得长久的幸福感，以及实实在在的成就感和意义感。

# 叶睿智：

在知行合一中勇于实践
——读《知行合一王阳明》

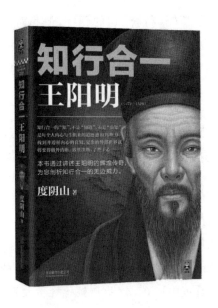

　　创业圈里读王阳明相关著作的不少，我读的时间算比较迟的。大约是在2014年，我连着几个夜晚读完当年明月的《明朝那些事儿》，其中第三部中写到王阳明，篇章名字就是"传奇"。王阳明曲折又辉煌的一生深深吸引了我。此后读史料时会有意去找找和王阳明相关的片段，旅游的时候遇到相关的文物、典故，也会特意驻足。

　　2017年，我的事业和生活都遇到了一些挑战，压力不小。公司从西湖区搬到了余杭区，从走路可达变成了三四十分钟车程，通勤途中算是从事务中抽离出来了一小段独立时间，我就在车里播放一些音频。那时候我听到了度阴山著、秦东朗读的《知行合一王阳明》。度阴山的文字简洁生动，秦东的声音清晰平稳，陪我度过了许多个杭州早高峰车流中的早晨和空荡荡道路上独行的深夜，王阳明先生的传奇一生再次把我吸引。此后我又购买了纸质版的书作为收藏。

　　我读过的王阳明传记，只此一本。《传习录》虽随意翻阅几次但未能深读。我的办公室墙上挂着"知行合一"的题字，但我对此句的理解更多在于鞭策自己"要注重实践、勇于实践"。不敢妄言我参悟过王阳明心学，只是从王阳明先生的一些事迹言行中得到过不少的鼓舞和启发。在此和读者们分享：

### 关于使命感与坚毅——"目标使命感是底层动力源泉，坚毅是无数选择后最终形成的习惯、能力"

王阳明先生一生都在追求极高的目标。

所有王阳明传里都不会略过的一件事情，就是11岁的王守仁发问："何谓第一等事？"并且他给出了自己的答案——"读书做圣贤"，这是一个连他的状元郎父亲都不敢设想的目标。而此后王阳明先生的一生都没有偏离这个目标——追求圣贤真理的所在，救助和教化社稷黎民。这个目标，曾让他几天几夜不停地"格竹子"，曾让他苦学骑射，跟随父亲到居庸关外考察，回来之后想要请兵为国靖难、讨平鞑靼。南昌宁王起兵叛乱之时，身处赶赴福州途中、身边无一兵一卒的王阳明，成为那个时代的"最美逆行者"，掉头杀回组建了一支临时部队，最终平定叛乱。也正是因为对圣贤之道的追求，让王阳明在被贬赴任途中诈死才躲过追杀，但他之后没有就此归隐，依然历尽艰险到人迹罕至、浊气弥漫的贵州龙场驿生存下来，并不断思索，最终完成了载入中国哲学史册的"龙场悟道"。此外还有受酷刑入狱、常年被排挤构陷、战事中积劳成疾等等，数不清的致命磨难始终伴随着王阳明，但他从未曾放弃追求11岁时树立的理想。

回看12年的创业之路，我们团队也经历了四次大大小小的金融低潮，三次大的内部产品方向切换，七次更换场地。我们经历过做得太超前而无法把商业模式落地，经历过后发追赶而饱受质疑，经历过紧急收缩求生存而含泪送走伙伴，经历过资金充足却因方向不清晰而深感焦虑的各种阶段。所幸我们团队创业的初心使命没有改变——"让学习者得到帮助"，这也是我们坚持12年、贯穿在三个在线教育类产品中始终如一的目标。这也让我们在面对繁杂的外部声音和挑战的时候，能够继续坚定地享受当下的历程，让我们在一次次失败后"厚着脸皮"再出发，向着"创立全球教育品牌"的蓝图走得更稳更坚定。

### 关于独立思考——"创新路上没有现成答案，唯有继续依靠团队独立思考"

王阳明有个状元及第、官至吏部尚书的父亲王华，可谓读书人里面的"至尊王者"级别，在那个读书科举致仕为尊的年代，想要抵抗这样的成功权威的影响得有多难？但有幸的是王华并不一味说教，王阳明亦天生具备独立思考甚至有些叛逆的性格。十岁后质疑"考取功名"，以"建立军功"为目标习读兵法，挑战书生父亲。20岁后深究儒学、诗词文字、佛与道，苦心钻研取得非凡领悟却从不简单将其奉为不加质疑的信仰。25岁的王阳明再次科举落第，他的状元父亲开导他说，此次不中，下次努力就能中了，但他笑道，"你们以不登第为耻，我以不登第却为之懊恼为耻"。看完王阳明一生再品这一句，已经能看出一个身躯还在被世俗模式推动前行，但心志早已超脱当世的青年形象。而在1506年至1509年三年的谪戍龙场驿期间，他更是彻底地跳出过往所学，独立思考圣人该如何去想去做。度阴山在书中写道：

> 有生以来，王阳明第一次有意识地陷入回忆中。他突然发现了许多自己从未发现的事实。他钻研军事，探索理学，浸染佛道，苦攻辞章，都是他那些"野多违俗"的性格和"成为圣贤"的理想与现实世界的生死搏击。现实世界总把他的性格和理想打倒在地，

而他自己也注意到，每一次他都能站起来，并且比倒下之前更强大。

五百年后的今天，这个世界更加扁平又更加丰富，每个人面对的信息更加繁杂，意见领袖更是遍地行走。相信创业者所处的任何一个赛道，都有若干媒体、若干分析机构和投资机构对其领域和事业发表意见建议。我们所在的在线教育服务，多年来都被质疑"是否有效、商业模式是否能成立"。而我们坚信"教育服务在线化"就和过往 20 年间发生的"信息传输在线化""商品交易在线化"一样，是伴随互联网这一更高效的信息传递模式而必然发展起来的。对于商业模式的可行性，我们相信商业的本质规律——只要一项服务有普遍的需求方，那么一定会出现供应方，双方博弈后确定一个合适的价格，则该商业模式成立。所以在线教育服务一定会被市场需要，盈利和市场的成熟只是快慢的问题。而我们的坚持也看到了成效，现在这个赛道已经有盈利的上市公司，我们自己和部分友商也实现了越来越清晰的盈利方向。

乔帮主在那篇传世经典的斯坦福毕业致辞中说：Follow your heart。这也是在提醒我们，世俗普遍的看法总趋于让人与之同化，我们需要追问内心，独立思考。

## 关于实践与实用主义——"做一个现实的理想主义者"

王阳明心学里面最浅显的思想，也是唯一我现在感悟到的，应该就是注重实践及深刻的实用主义吧！王阳明先生的后半生，其实就是一部"事上练"的经典教程。龙场悟道之后，王阳明已经参悟了这世界运作的道理，换作其他哲学家，大概率会归隐讲学，修书传世，争取"立德立言"。而王阳明却偏偏"爱玩"一般继续折腾在这俗世中，建立了赫赫传奇功勋，所以才成为

"立德立功立言"的三不朽圣人。

其中一个典型的例子,就是王阳明悲悯苍生,却在军事上攻无不克。1516年王阳明奉命巡抚南赣汀漳这些匪患猖獗之地。王阳明并不把自己当作单纯的读书讲道的文治之官,此前不曾领军的他开始着手平定盗贼。成竹于胸的兵法与哲学这些"知",必定要用到现实中为生民立命、为天下求太平的"行",做到知行合一,而两者本身就是统一的。在这样的理念指导下,"战神"之路一发不可收拾,13年间王阳明的大量精力在浙江立院讲学,似乎只是用了小部分时间精力,就取得了平定江西、平定宁王叛乱、平定两广的战绩。

王阳明的"仁",有一个细节表现得很透彻。与宁王朱宸濠决战之时,总指挥王阳明却在给学生讲授心学。当前线送来情报,王阳明看后思索片刻,神色如常回到学生中间。学生问他:宁王可是败了?王阳明点点头,回答:"败了,但死伤太重。"说完继续讲学。

同时,王阳明的战功很多是建立在其对人心精准把握之上的"诈",他在剿匪平乱的历程中大量使用真真假假的情报、心理战术,用极少的成本获得最大的胜利,不仅给朝廷节约了开支,更使百姓免于罹难。其中有些做法可能为普通读书人所不齿,有些手段显得不仁。但正是王阳明在手段的选择上不迂腐、不理想主义,以实用为上,才得以更好地达成对更多苍生百姓的仁。

人总免不了被问到"想成为什么样的人"。我们有了各自的答案之后,也要避免仅仅停留在"想成为",而应该在"事上练",最终把自己练成自己希望的样子。在练的过程中,仰望星空脚踏实地,不教条不傲娇,做一个现实的理想主义者,把我们的一个个目标达成。

## 关于圣人和凡人——"平凡之人成就的圣贤之事"

王阳明传中，能看到这个"三立"圣人平凡真实的一面。读前面一半，我看到的是一个聪明、叛逆、迷茫的青年。他什么都学，虽然天资聪慧学习知识很快，但后面又放弃了学习；他甚至有点玩世不恭，在新婚之夜玩失踪，不顾及他人的感受；他在没有什么建树的时候已经锋芒毕露，桀骜不羁，并不懂得收敛；他亦曾被追杀而狼狈逃匿；他也会伤感，为同样被贬但不幸死在贵州山野里的一个无名小吏写下涕泣纵横的代表作《瘗旅文》。王阳明在最初的作战中亦曾轻敌深入中了埋伏，险些丢了性命。后来王阳明则用兵诡异、独断，素有"狡诈专兵"之名。他在生命尽头思乡心切，不等朝廷同意就启程返乡，真要严肃来讲是"擅离职守"。

但这可能正是王阳明心学最好的例证：心即理，吾心自足，良知自在我心。不端不装，圣人亦有私心杂念、缺点失误。而平凡之人亦可以成就不凡的圣贤之事，只要去致良知，发现自己内心的力量。

## 小小关联——跨越五百年

读王阳明传还有一个小小的有趣发现。1516年王阳明受命平定闽粤交界地区的农民起义，有一个作战目标就在我的家乡，如今的广东省龙川县、和平县境内。所幸的是龙川的起义头领卢珂被王阳明招降归顺，队伍中只留精壮士兵继续随王阳明征战他方，其他老弱则清退为民。而旁边一支武装不降，被"战神"碾轧，平定之后王阳明上疏设立了"和平县"。

读到这里时我不禁想，我的祖上约25代先祖，或许是当时龙川一户平民，或许是卢珂队伍中一个兵卒，而王阳明的劝降之举，让当地百姓免受一场兵刃血火。或许，我的祖上正是因此而得以生存延续。五百年后这一线血脉传到了我这里。

这么想着，自己和王阳明先生似乎建立了一点点联系，这小小的联系也曾给我的内心带来力量。

期待着今年秋天去拜谒王阳明先生陵墓，致以敬意和感激。

## ■分享人简介：

叶睿智，杭州微著网络有限公司创始人、董事长兼 CEO。毕业于浙江大学，连续创业者。在校期间积极投身于校内服务事业，曾任浙大飘渺水云间 BBS 技术站长，浙大毅行组委会成员，计算机学院硕士生论坛发起人。毕业后一直从事互联网产品研发运营及企业管理。2007 年至 2009 年任职于网易杭州研究院，先后担任研发工程师、研发经理，创立了杭研院的内容安全部门。2009 年创立杭州微著网络有限公司，并推出"几分钟网""答疑君""辅导君"三个互联网教育相关产品。

## ■公司简介：

杭州微著网络有限公司成立于 2008 年，以"让学习者得到帮助"为使命，创业 12 年一直在互联网知识分享、在线教育领域探索与创新。2010 年，"几分钟网"上线，用短视频普及生活知识，年产 10000 多部短片，一年有上亿次的访问量。2013 年，推出在线答疑 App"答疑君"，汇集了数万名高校大学生为上百万初高中学生提供定制化答疑服务。2016 年，推出在线辅导平台"辅导君"，通过整合数万名中心城市的优质师资，向全国各地中小学生提供在线辅导、咨询等深度服务。

"辅导君"借助网络的力量，面向全国实施"互联网＋教育"，把中心城市的师资力量输送到全国各地，旨在为国内教育资源欠发达地区提供优质的在线教育服务。每年有数万名中小学生在"辅导君"平台找到合适的老师并获得学习成长，其中70％来自三四线城市。

◆ **高峰按**：

知行合一，知是行始，行是知果。叶睿智的分享，直抵阳明心学内核。无善无恶心之体，有善有恶意之动，知善知恶是良知，为善去恶是格物。知行合一，就是要使良知时刻关照着人的行为和心理，有所为而有所不为，使人不会失其本心，不会让意志为外物所动摇，创业者，正应该如此！

苏亮亮：

和自己"做朋友"
——读《最初和最终的自由》

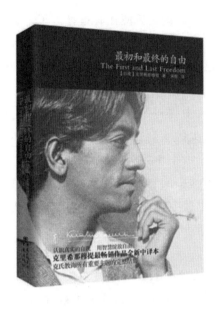

一转眼,从浙大毕业已有五年时间,自己创业也七年了。

这七年时间,从 2013 年创建 iPrint 远程打印平台,到 2014 年作为联合创始人加入宇泛智能直到现在,期间经历了各种的艰难:早期得不到投资人的认可,资金链紧张;产品量产后找不到销售渠道,迫不得已开始"万里长征",进行全国性地推;也有核心人员离开等等。也正是因为战胜了这些困难,才有公司营收从 200 万到 4000 万,再到 2019 年的一个亿,2020 年预计达到三个亿。但我深知创业路途九九八十一难,现在才刚刚起步,升级打怪不会停止。

在这七年的时间里,我应该读过几百本书,涉及哲学、社会学、商业、历史、管理等,如果要我选择一本最推荐的书,我会推荐吉杜·克里希那穆提(Jiddu Krishnamurti)的《最初和最终的自由》。

克里希那穆提是印度哲人,主张真理纯属个人了悟,要用自己的光照亮自己,他有不少经典之作,如《生命之书》《重新认识你自己》,这些是 2013 年我在刚开始创业时读到的，读完后便在心里种下了一颗种子，这颗种子伴随着创业逐渐生根发芽。这颗种子让我真正认识自己，和自己"做朋友"，不被外界纷杂迷惑，让自己保持 inner peace（内心的平静），让自己始终知道自己是谁、追求什么。

克里希那穆提在书中探讨了矛盾、恐惧、欲望、孤独、苦难、行为与观念等内容，这本书有两个大的主题：我们在寻求什么；已知和未知。这两个主题都是根本性的问题。本书由很多短文组成，每个短文皆为论述我们日常会遇到的问题，部分短文以问答的形式展开，比如第一个主题中的"自我认识""信仰"等，第二个主题中的"论孤独""论当前的危机"等。

书中有很多经典话语：

> 要转变自我，就必须认识自我。不认识你的真实状况，就没有正确思维的基础；不认识你自己，就不可能有转变。你必须如实认识自我，而不是认识你希望成为的样子，那只是一个理想，是虚构的，不真实的。（摘自"自我认识"）

> 努力，不就是竭力要把事情往想象上变，往应该怎样上变？也就是说，为了避免面对实情，我们不停地努力，不是想尽办法逃开，就是想尽办法改变它、修饰它。一个真正满足的人，他了解事情，并给予恰如其分的重视。（摘自"努力"）

> 在我真实的样子和应该的样子之间存在着一条鸿沟，我们一直努力弥平那个鸿沟——那就是我们的行动。（摘自"论不基于观念的行动"）

对于没有大公司工作经验的我而言，创业过程中要学习和修炼的太多了。不同阶段面对的挑战各不相同，这些都可以通过栽跟头、请教、训练等掌握，这些都是外在的"术"，是可以改变的，但凡一个想要把事情做好、具备反思和学习能力的人,总能够学会,只不过有些人学得快些,有些人慢些。

容易被忽视的是对自我的认识,《最初和最终的自由》可以启发我们对"如何认识自己""认识自己的观念、欲望"有深入的思考。这是个哲学命题,这本书也是偏哲学的书,但非常好懂,和尼采的诗歌/格言体的哲学一样有趣,直击心灵。这是我推荐这本书的首要原因。

我在大二时上过李志文教授的《商业社会和现代中国》这门课,也第一次听说了 inner peace 这个词。inner peace 是心如枯井,洞若观火,在利益、损失、荣誉、挫折面前,都能保持本真。对于创业的人来说,inner peace 是积极、乐观,是沉稳、有定力、有愿力,是不偏执、不膨胀、不妄自菲薄。

Inner peace 需要在"内自省"的过程中修炼,内自省离不开对话,《最初和最终的自由》以问答的形式展现克里希那穆提的教诲,仿佛他就在为自己解惑。

比如,论孤独一文中:

问:我开始意识到自己非常孤独,我要怎么办?

克:提问者想知道自己为什么感到孤独?你知道孤独意味着什么吗?你意识到你的孤独了么?我很怀疑这一点……我们所知的孤独是什么意思?那是一种空虚感,一种一无所有、无处安顿的极度不安。孤独不是绝望,也不是无望,而是一种空落落的感觉,一种空虚,一种沮丧。那要怎样找到方法对付孤独?只有你不逃避,才能知道怎么办……

阅读本书也许能让大家做到心如止水,这是我推荐此书的第二个原因。

我本科的专业是心理学,从人的知觉到认知再到行动的整个过程,是个庞大的多因子的模型,因果关系错综复杂。未意识到的环境因素、未完全搞清楚的遗传基因,都可能会影响我们的情绪、信念,从而影响我们的行为,行动完成后，我们往往会对事物进行归因（解释），而这个归因局限于对自我、真相的了解程度。

"进化心理学"理论提出人的某些行为是先天遗传的，比如婴儿看到蛇就会害怕、人脸会吸引婴儿的注意力，先天和后天之争在我本科毕业时还是学术界经久不衰的热门话题；浙大包爱民教授翻译的《我即我脑》里面提到同性恋与脑结构的关系，也许遗传因素对同性恋的主导作用更大。

"具身认知"提出生理体验与心理状态之间有着强烈的联系，也就是肉体和灵魂之间密不可分。著名的具身认知的实验"世界需要一杯热咖啡"发现，人拿着的咖啡的温度，会影响人的攻击性，温度越低，攻击性越高。

卡尼曼的框架理论，提出对风险的偏好/厌恶会随着表述框架的变化而变化。

人的感知也是有限的，我们仅能看到波长 400～760 纳米的电磁波，听到 16～24000 赫兹的声音。

人的理性认知非常有限，科学理论是在一系列的前提假设下成立的模型，个人的理性认知更加有限，如何在有限的理性认知下尽量做出合理的决策，这也是一个根本性的问题。《最初和最终的自由》从"观念""矛盾""当前的危机"等各个方面提出了如何打破理论、概念的束缚去发现事情真相，而不要局限于一个现成的体系，这也是创新、敬畏心的来源。这是我推荐此书的第三个原因。

前面所讲的三点和创业没有独有的关系。我从克里希那穆提身上学到的和创业密切相关的是对期望和现状之间矛盾的洞察。

因为期望与现状之间存在矛盾，所以才有了通过行动来弥补鸿沟的必要。克里希那穆提告诉我们，认清并接受现状和自己，去伪存真后会发现，多数的期望都是没必要的，但人对美好的向往却是真实的存在，想生活得更有意义也是需要的。

有矛盾才有力量，而这也正是创业的机会所在，机会有大小之分，但无优劣之分。要对所面向的市场有深刻的洞察力，洞察到现在的机会和将来的机会。为什么需要洞察力，为什么市场调研有时会失效，因为我们有前面提到过的有限的理性认知。如果能从纷繁复杂的信息中洞察到社会发展、某类客户群体的需求，这些都会是机会。如何将机会转变为一个可行的商业模式，这是很考验商业能力的，也和法律、技术发展有关。

## ■分享人简介：

**苏亮亮**，杭州宇泛智能科技有限公司联合创始人、董事。2015年浙江大学心理与行为科学系毕业，大学期间曾与同学创立晨读协会，曾创立 iPrint 远程打印平台。

## ■公司简介：

杭州宇泛智能科技有限公司（以下简称宇泛智能）成立于2014年，信标委人脸识别工作组成员，国家高新技术企业，2019年度浙江省高成长科技型中小企业认定排名第一。公司以人工智能（AI）、物联网平台和应用（IOT）、边缘计算设备（EDGE）为根基，联合泛安防领域智能化解决方案和商业能力开发者，以生态化的方式为泛安防长尾市场提供一站式物联网智能视觉解决方案，覆盖场景包括社区、办公、商业、校园、酒店、工地等。公司拥有员工300余人，研发人员占比超60%，曾分别获国际权威人脸识别榜单FDDB 和 LFW 世界第二和世界第三，公司拥有专利44项、软件著作权11项。

目前，宇泛智能已成为人脸识别领域落地能力最强公司之一，动态人脸识别设备市场占有率第一，其推出的"Uface"也是业内广为人知的品牌，出货量超 30 万台，2019 年营收破亿，2020 年 1 月荣获 2019 中国安防十大影响力品牌称号。

◆ **高峰按：**

　　苏亮亮带来了一本优美的书。作者语言优美，互动式的对话，像与自己的朋友谈心一样。谈论通向关于自由的一系列主题：矛盾、恐惧、欲望、孤独、苦难、信仰、行动与观念、已知与未知等。克里希那穆提在如何寻找自由，如何获得 inner peace 这个重要的人生课题上，与读者分享了他深具哲理的、丰富的感受。

# 易昊翔：

## 创业者的必备"工具书"
### ——读《创业维艰》

　　我给大家推荐的书是本·霍洛维茨（Ben Horowitz）的《创业维艰》。这本书是我创业以来看过最多遍的书（整个封面都已经被我翻得不成样子了），被我当作"创业工具书"随查随用，是常看常新的"宝典"。

　　第一次看《创业维艰》大概是在 2015 年的上半年，那时候我刚毕业，创业还不到一年的时间。而最近一次看《创业维艰》，是在 2020 年的 7 月份。在这中间的五年多时间里，我平均每两三个月就会去看一遍《创业维艰》，当然，用的更多是"查询"的方式——像查字典一样在书里找到我当前所遇到的问题，看看作者给出了怎样的建议。这也是我把《创业维艰》叫作"创业者手边的工具书"的原因。

　　正如《创业维艰》在推荐语里所介绍的那样：如何解雇高管？应该从好朋友的公司挖人吗？该不该招聘资深人士？顺境中的 CEO 和逆境中的 CEO 分别该怎么做？如何规划你的企业文化？该卖掉你的公司吗？这些都是创业者早晚会经历的问题，而这些问题的答案是任何一家商学院都不会去教你的。但对一个创业者来说，这些都是非常具体并且一定要你赶紧去解决的棘手问题。

所以在《创业维艰》里，作者就上述这些你在创业路上一定会遇到的问题，给出了非常实用的建议。并且都不是纸上谈兵式的夸夸其谈，大多都是他结合自己创业、投资的实际经历，给出的非常具体的操作办法，你完全可以拿过来直接复制到自己的公司里。这也是我把《创业维艰》誉为"工具书"的原因，因为对大多数早期创业者而言，作者给你的建议已经完全足够。

说到这里，可能有读者会好奇：《创业维艰》是一本像"字典"一样的大部头吗？其实恰恰相反，这也是让我感到非常惊奇的一点，《创业维艰》这本书其实并不厚，一共也就18万字多一点。而且书的前半部分还是作者在讲述自己的创业故事，后半部分才是我所说的"工具书"般的解答问题部分。我数了一下，这个部分列出来的问题一共只有36个左右。但是，在我创业五年多的经历里，几乎每一次我遇到了棘手问题去书里"找答案"时，近乎百分百能在书里找到我想要的问题和作者给的建议，然后能非常顺利地用书中给的办法成功地解决我的问题。

我想，之所以能有这样神奇的效果，就像作者自己介绍《创业维艰》时说的那样，"大多数管理书都是告诉你如何做正确的事，不把事情搞砸，而《创业维艰》还会告诉你：当事情已经被搞砸时，你该怎么办"。

而我们作为创业者，尤其是年轻创业者，我们一定会犯错误，会走弯路。甚至，根据我自己的体验，我们在创业的过程中，做的错误决定，搞砸的事情，一定比做对的事情要多得多。当然，有很多搞砸了的事情，在自己力所能及的努力下，都能逐渐解决。但是，最终会留下一些问题，持续困扰我们。我想，最终被作者选进《创业维艰》里的这36个问题，一定是作者这多年后总结自己的经历时，最让自己当初头疼不已的问题。

而这些被作者精挑细选后写进书里的问题，一定存在着创业者的共性问题，可能是大家大概率都会遇到，却又不那么好解决的。这也可能正是我每一次总能在书里找到想要的答案的原因。同样，如果你已经开始创业，这些问题可能也正让你头疼不已。

接下来，我来给大家介绍一下让《创业维艰》变得如此"神奇"的原因，和本书的作者——本·霍洛维茨有很大关系。

霍洛维茨之所以能写出如此贴近创业者的书，跟他自己既往的创业经历，以及之后大量的投资经历是有非常大关系的。可以说，霍洛维茨绝不仅仅是一位靠写书立身的创业理论研究者，更是一位经历过失败、体验过成功的创业者，一位投中过大量顶尖企业而声名远扬的投资人。

霍洛维茨来自美国硅谷，最初是一位创业者。他的第一桶金是 1999 年与网景之父马克·安德森共同创立了 Loudcloud（后转型为 Opsware），在美国互联网泡沫的恶劣大环境下，数次带领公司起死回生，并最终以 16 亿美元的高价将公司卖给惠普。

在实现了财富自由之后，霍洛维茨开始做风险投资，公司名字叫 Andreessen Horowitz（如果大家仔细看就会发现这家投资公司的名字，就是他们两位创始人的姓，安德森和霍洛维茨。两哥们创业成功上岸之后又一起出来做基金搞投资了）。这家基金公司大家可能没有听说过，但是说起它投资的企业，大家多少会有所耳闻，包括 Skype、Facebook、Instagram、Twitter、Airbnb、Groupon、Foursquare、Pinterest、Fab 等耳熟能详的顶尖企业。这家公司是 2009 年成立的，短短三年时间，就已经跻身硅谷最顶尖的风险投资基金公司之列。

更重要的是，霍洛维茨做基金公司并不仅仅是给创业者们资金，他还一直在用自己的经验帮助年轻一代的创业者们少走弯路。就像前面提到的，他们投资过 Facebook，而 Facebook 的创始人扎克伯克就曾称赞霍洛维茨为"硅谷年轻企业家的管理导师"。

所以说，霍洛维茨这样的背景以及人生阅历，写出一本能够贴近创业者、具有实操价值的"创业手册"，实在是再正常不过的。同时从另一个角度来说,作为初出茅庐的创业者,如果有这样"圣经式的工具书"存在却不认真去看看,实在是莫大的损失。

说了这么多,下面给大家列举一个书中的问题以及作者给出的建议,相信通过这样的案例,大家一定能感受到这些问题的"棘手",以及作者给出建议的实操性。

问题:如何解雇员工?(《创业维艰》82 页)

这个问题我想是所有创业者都不希望遇到,但在创业过程中却大概率会遇到的问题。

这个问题的棘手之处在于如果处理不好,很有可能会破坏公司的企业文化(这是创业公司的初衷和根基);或者影响团队士气,见到自己的朋友被辞退,别的员工们会感到寒心就不再愿意为公司继续奉献,甚至严重到会让整个团队瓦解。

这个问题一定没有任何教科书或者创业课程教过你,并且作为创业"小白",你大概率也没有相关的经验。

所以该怎么办?由于篇幅限制,我简要将作者的建议概述如下,在书中会有更具体的解释和执行建议。

作者建议分六步。

第一步:保持头脑清晰。

作为 CEO,当形势严峻到必须解雇员工时,你必然承受着巨大的压力和精神负担。但这时你要知道这是你必须要面对的。不管接下来情形会如何发展,你都要做好心理建设,保持清晰的头脑去面对。

第二步:当机立断。

一旦决定裁员,那么必须尽快执行。如果走漏消息,就会横生枝节,麻烦不断。

第三步:对裁员的原因要有清晰的认识。

裁员的真正原因是公司业绩欠佳,未能实现既定的计划。传递给公司和被辞退人员的信息不应该是"裁员非常必要,我们要借此机会考核大家的工作绩效",而是"公司经营不善,为了继续发展,我们不得不忍痛辞掉一些优秀的员工"。

作为创业公司,CEO每天对自己员工说得最多的就是"请相信我,我们公司前景无限""请相信我,这对你的个人发展大有裨益""请相信我,坚持干我们一定能成"。可是,一次裁员就会让这种信任瞬间土崩瓦解。为了重建信任,你必须实话实说。

第四步:对管理人员进行培训。

如果将未经培训的管理人员置于处理裁员这一极为尴尬的情景之中,大部分管理人员都会无法应对。而黄金法则是:自己的员工要自己亲自辞退,不能将这项工作推给人力资源部门或者某个更厉害的同事来做(在创业公司里,应该是CEO亲自来做)。

为什么要自己亲自来做? 因为人们可能不会记住在公司里的每一天,但一定会记住自己被开掉的那一天,会记住相关的每一个细节。而这些细节事关重大,公司的声誉和你个人的声誉,都取决于你的表现:昂首挺胸,勇敢面对那些曾经信任你并为你辛勤工作的员工。

接下来要为此事做好充分的准备。

1.向员工解释裁员原因(第三步内容);

2.向员工明确指出:员工人数过多,裁员不容商榷;

3.对公司各项补偿细节都了然于胸(能力范围内尽可能给员工补偿)。

第五步:向公司全体人员发表讲话。

在执行裁员决定之前,CEO必须向全体人员发表讲话,向大家解释裁员的合理性。务必记住:话是说给那些留下来的人听的。留下来的人会非常关心你对待他们曾经同事的方式,你裁掉的人之中,有很多和他们关系亲密。因此,一定要给他们足够的尊重。要把握尺度,不要过度地表达歉意。

第六步：一定要让大家看见你，一定要在公司出现。

裁员之后，你也许不愿意在公司面对大家，想躲出去。但一定不要这样，一定要在公司让大家看见你，并积极参与公司事务。因为大家都想看看，你是否如你所说的那样在乎你裁掉的人。你一定要和被裁掉的员工交流，帮他们收拾东西，送他们出门，帮他们把东西搬上车，让他们知道你对他们的努力付出心存感激。

通过这样一个案例，相信大家对我所说的《创业维艰》是"创业者手边的工具书"有了更直接的感受。而书中有着大量这样你作为创业者不想遇到，却又不得不面对，而且还没有头绪的复杂问题。作者就是以一个过来人的身份，把自己的经验与总结，毫无保留地、事无巨细地、一点一点地讲给你听，手把手教会你该怎样一步一步来应对和解决。

在具体的阅读方法上，建议大家先花几个小时把全书快速地看一遍，尤其是前半部分作者的创业故事，可以快速地浏览。而后半部分的解答问题部分，可以在阅读的过程中，制作一份问题检索目录，把每个问题的关键词和对应的页码记录下来（也可以在书籍的目录页部分手工添加这部分关键词内容）。毕竟原书是从英语翻译过来的，有些表述不一定符合你自己的习惯。这样，在之后的任何时候，当遇到一些很困扰你的问题时，你都可以根据这份检索目录，快速地找到作者给出的针对性意见。

人类的科学技术之所以在不断进步，是因为我们不断站在前人的肩膀上。而创业也是一样的，前人已经掉过的坑，已经走过的弯路，以及可行的应对方法，已经被系统地整理出来，成了一部部的专著。而《创业维艰》就是这其中的典范之作。只有不断站在前人的肩膀上，我们在商业上的成就才能不断突破。

如果你是一名创业者，尤其是年轻创业者，或者即将走上创业的道路，一定不能错过《创业维艰》。

被易昊翔反复翻阅磨破了的封面

## ■分享人简介:

易昊翔,杭州回车电子科技有限公司创始人、董事长兼CEO,浙江大学生物医学工程专业2014届毕业生,浙江大学创业导师,2019第五届中国"互联网＋"大学生创新创业大赛亚军、最佳创意奖,并获孙春兰副总理接见。

大三时与小伙伴一起研发商业化脑电采集技术,探索商业推广渠道,在毕业前已拿到浙江省科技馆在内的数家单位合作订单,创造数十万利润。

## ■公司简介：

  杭州回车电子科技有限公司（以下简称回车科技）是一家以脑电为基础,结合多维生理信号采集、分析和应用的科技创新型公司。公司成立于2014年,发展至今,回车科技已成为脑机接口领域的领航企业,年销售额达数千万人民币,估值过亿。

  回车科技致力于传感器的可靠性、小型化以及算法的精准性、多维度的研究,为各行各业提供优质便捷的解决方案。以头部传感器为主,目前已有成熟的双通道脑电、心率、皮肤电导率等多维信号采集和综合算法分析方案。在教育、睡眠、心理健康、军事训练、安全生产、玩具娱乐等多个领域,与眼罩、头环、安全帽、虚拟现实设备等头戴式终端结合实现了多种场景的应用落地。

### ◆ 高峰按：

  对于创业者而言,犯错是成长路上必经的磨炼。有没有创业指南一样的工作手册让创业者能够平稳度过初创阶段呢？针对此问题,易昊翔推荐了《创业维艰》。在书中,本·霍洛维茨从自己的创业经历讲起,以自己在硅谷近20余年的创业管理和投资经验,针对创业公司的经营、人才选拔、企业文化、销售、CEO与董事会的关系等方方面面,毫无保留地奉上了自己的经验！

樊钰：

做事有方法，做人有原则
——读《原则》

　　我是一个机器视觉方向的创业者。2020 年春节期间赶上新冠疫情，每天除了超过 12 小时的睡眠时间，就是思考公司如何才能活下去、如何才能打造一家基业长青的公司。虽然我之前创办过一家比较有影响力的公司，但是没有真正经营过；我自己也从来没有在任何一家公司上过班，没有接触过商业类的课程，没有亲身体验过好的公司管理流程、文化。所以，我就在想能不能借助一些朴素的原则来指导我把公司管理好。机缘巧合下阅读了几本非常有价值的书，其中之一就是桥水基金创始人瑞·达利欧写的《原则》。

　　在阅读此书之前我还曾思考这本书是不是过誉了，所以并没有按照书的结构从前向后读。我阅读的方式是：先读前言，再读"生活原则"和"工作原则"两个章节，最后再读"我的历程"这一章节。采用这样的阅读方式主要是因为如果发现此书不值一读就可以及时止损，同时也可以最快地了解书中的核心内容。但当我阅读完"生活原则"章节后，就被本书深深地吸引了。同时，在阅读的过程中不断思考作者为什么可以写出这样经典的书籍。

我认为作者能写出这本书，除了需要花很多时间思考、自身经历丰富之外，还有一个非常重要的原因就是作者所从事的行业：金融及量化投资。量化投资就是将一些规则（原则）输入计算机，由系统指导买入、持有和卖出。金融及量化投资又会让这些原则及时地接受考验，而不会像之前，企业的方向、原则错了，市场几个月之后才有反馈。如作者在书中所写："从很早的时候起，每当我在市场上开始一笔交易，我都会把自己用来决策的标准写下来。然后，每当我结束一笔交易，我都会回顾一下这些标准的效果怎么样。"

《原则》中有很多原则都非常好，值得学习。我很庆幸在经营一家创业公司的过程中读到这本书。我多次向公司同事推荐这本书，也决定利用一年的时间将书里比较适合我们公司的原则在内部宣传，慢慢让大家认可、接受，最后落地执行。

我认为比较经典的原则有：

1. 做到头脑极度开放。这是《原则》中我认为最重要的一条。实现合理决策的两个最大的障碍是自我意识和思维盲点。这两个障碍让人难以客观地看到个人和所处环境的真相，难以最大限度通过他人的帮助来做出最佳决策。如何做到头脑极度开放呢？可以通过以下方法：经常利用痛苦来引导自己进行高质量的思考；将头脑开放作为一种习惯；认识自己的思维盲点；假如很多可信的人都在说你正在做错事，只有你不这么看，你就要想想自己是不是走偏了；冥想；重视证据，并鼓励其他人也这么做；尽力帮助其他人也保持头脑开放；使用以证据为基础的决策工具；知道什么时候应当停止为自己的观点辩护，相信自己的决策程序。

2. 学习如何有效决策。影响决策的最大因素是坏情绪，决策流程分为两步：先了解后决定。同时作者分享了做出好决策的捷径：第一是简化，撤掉无关细节，让重要因素及其相互关系呈现出来；第二是使用原则，让你的思维慢下来，注意你正在引用的决策标准，把这个标准作为一项原则写下来，当结果出现时，评估结果并思考标准，并在下一个"类似情景"出现之前改进标准;第三是对你的决策进行可信度加权,在与其他人产生分歧时,应该首先看看大家能不能就决策原则达成一致,同时也应该分析不同原则背后的优劣。

3.机构主要由两个部件构成:文化和人。优秀的机构拥有优秀的人和优秀的文化。优秀的人具备高尚的品格和出色的能力。拥有优秀文化的机构不掩饰问题和分歧,而是公开妥善解决,喜欢让员工的想象力驰骋且愿意开创先河。

4.允许犯错,但不容忍罔顾教训、一错再错的企业文化。要营造一种环境,让人们敢于犯错,以便从错误中学习,这样就会快速进步,也不会犯大错。

5.做决策时要从观点的可信度出发。独断专行或者民主协商的决策方式都有缺陷。最佳决策应该按照观点的可信度高低来得出。能力强的人努力解决彼此分歧,能够独立思考事实是什么、应该采取什么行动。

6.用对人。因为用错人的代价巨大。要想用对人,需要更科学的流程,以更准确地把人的价值观、能力和技能与机构的文化及职业路径相匹配。在这一部分,作者也讲到了桥水秉承的主要共同价值观:从事有意义的工作,发展有意义的人际交往,做到极度求真和极度透明,愿意以开放的心态探索严酷的现实(包括正视自身缺点),有主人翁精神,敢于追求卓越,愿意做困难但有益的事情。

7.像操作一部机器那样进行团队管理以实现目标。从高层面俯视你的"机器"和你自己。要注意别把精力过多地用于应付各种事务,而忽视你的"机器"。对每个问题的解决都要达到两种目的:第一,让你与目标更为接近;第二,能够对员工进行培训和测试。如果出现了问题,要在两个层面进行讨论:第一是为什么,第二是怎么办。

8.解决问题。应该多考虑自己在做什么样的事情,从手头的事例中提炼出相关的原则,把流程系统化。在设计组织结构时,要围绕目标自上而下地建设，每个组织都必须由一位具有可信度的、奉行高标准的人来监督，金字塔塔尖上的人应当有管理直接下属的技能和专注力且对下属的工作有深入理解。

其中1—2是生活原则，3—8是工作原则。

这本书里面有不少金句，比如"要知道几乎做每件事所花费的时间和资金都比你预期的要多"，比如"养成的最有价值的习惯是利用痛苦来激发高质量的思考"。

书中的原则和金句看了以后会让人感觉很受启发，但是仅仅受到启发也是不够的，真正有价值的是基于你自己的实际情况来提炼适合自己的原则并不断坚持。非常幸运的是，我在经营一家规模尚小的创业公司，公司的文化还有非常大的可塑性，我会梳理一些适合我们的原则并逐步在公司中推行，希望两年后可以为大家分享这些对公司发展带来提升的方法。

## ■分享人简介：

**樊钰**，北京迁移科技有限公司创始人、董事长兼CEO，回车科技联合创始人。

2014年本科毕业于浙江大学电子信息技术及仪器专业（大学期间曾创办消费级脑电波企业杭州回车电子科技有限公司），同年进入北京跟踪与通信技术研究所就读研究生并参军入伍；2017年1月进入北京空间信息中继传输技术研究中心工作，上尉军衔；2018年军官复员，创立人工智能企业迁移科技。

## ■ 公司简介：

　　北京迁移科技有限公司（以下简称迁移科技）成立于 2017 年 12 月底，迁移科技成立之初就把技术方向确定为机器视觉，通过不断探索最终把业务聚集在 3D 视觉上。迁移科技核心产品为 3D 视觉引导机械臂抓取系统，致力于通过高精度的 3D 相机和简单好用的软件降低搭建 3D 视觉引导机械臂任务的门槛。通过"零编程"的 3D 视觉系统，打造善解人意的智能工业机器人。迁移科技 2019 年 4 月被评为"中关村高新技术企业"，10 月获得银杏谷资本和华旦天使的 1300 万天使轮融资。

### ◆ 高峰按：

　　《原则》一书是瑞·达利欧一生奋斗的集大成之作。无规矩不成方圆，无原则无法成事，日常生活中，我们无时无刻不在原则的框架下行动。樊钰的解读让我们看到，一个人有无竞争力源自于他是否能够快速"迭代"自己的认知和行动原则，速度越快，成长越快，则更有可能获得成功。遵循有效的原则实际上是主动走出思想上以及身体上的舒适区，这个过程是痛苦的自我重塑，但唯有"痛苦＋反思"才能进步，才能有成功的可能性。

# 李景元：

寻找创新的逻辑
——读《文明是副产品》

　　我给大家分享一本个人觉得很具脑洞、思维独到的书——《文明是副产品》，这本书里作者抛出的很多观点都让我眼前一亮，作者跳出了常规因果论的思维框架，通过对推动文明演进的关键创新的分析，推演出文明其实是一种副产品的结论。我觉得本书对我们创业者在制定战略、分析因果、创新设计上有不少借鉴。从某种角度看，我们现在所说的成功企业，可能也只是社会发展中所产生的副产品。下面我给大家分享一下作者的观点和我的一些感悟。

　　本书的作者郑也夫，是一位非常有个性和才华的学者，他先后在中国社科院、中国人民大学、北京大学供职，曾担任中央电视台"东方之子"栏目的主持人，现任北京大学社会学系教授，是当代中国著名的社会学家、人类学家。本书从筹划酝酿到完成一共用了七年，蕴涵了他对人类文明的重要思考，这和我们对企业生存发展的思考也有着异曲同工之妙。

　　本书分为七章，前六章列举了人类文明史的六个重大里程碑：外婚制——

农业—文字—纸张—雕版印刷—活字印刷，第七章是作者对这些案例的思考。因为案例比较多，我就挑选对我们创业有帮助的案例来和大家分析。我将分三部分来讲讲作者为什么认为文明是副产品，第一部分讲述两对贯穿本书的核心概念：第一对是生物进化与文明进化，另一对是目的论与副产品。第二部分讲述本书两个最重要的案例，一夫一妻制和农业的来源。第三部分讲述创新的五种方式及一些感悟。

## 生物进化与文明进化

什么是生物进化？生物进化是指一切生命形态发生、发展的演变过程。物种为了适应环境，起初发生小的变异，逐渐积累发展为显著的变化，导致新物种的形成。比如说，长颈鹿的祖先是萨魔兽，它的脖子只有长颈鹿的一半长，而它的主要食物却是树木顶端的树叶。于是，经过一代又一代的淘汰和进化，脖子较长的萨魔兽更容易获得食物，获得生存优势，结果是萨魔兽种群的脖子越来越长，最终进化成长颈鹿。什么是文明进化？人类从石器时代发展到现代文明的过程中，先进的技术文化因为竞争优势，淘汰掉了旧的技术文化，随着文化的不断累积，量变发生质变，最终发展为新的文明。这一次又一次文明的迭代，就是文明进化。

一般来说，我们总是觉得生物是朝着越来越高级的方向进化的，但实际上生物的演变，与其说是在进化，不如说是在演化。物竞天择，适者生存，保留有益的变异，淘汰有害的变异，我们称之为自然选择。新的文明虽然在现在看来有很多明显的优势，但这并不是人类高级的标志，只是适应环境的结果，没有高下之分。

人们总是喜欢以果推因，为每一个发生的事件找一个理由，寻找一个目的，并且还要找一个合理的目的。然而，这些看似合理的理由往往并不是真实的理由。只有人有意志，大自然并没有意志，因此生物进化并没有目的。

同样的，文明进化和生物进化一样，也不存在一个目的，甚至如果我们不把人类特殊化，文明只是人类这种生物的一部分，文明进化也只是生物进化的一部分，当然也就不存在一个目的。文明只不过是人类生存环境的副产品，种种机缘巧合的副产品。

所以我们企业在社会中的发展其实也是一样的道理，不是所有顶尖技术、最完美的商业模式只要我们设计好就一定会在当下爆发的，企业的成长一定是随着社会或者人类的变化而变化的。所以我觉得我们创业者一定要紧跟时代的发展，要时刻保持危机意识，不能只看到现在短期的成功而忘记社会发展的快速变化，也不能一味追求所谓的技术领先而忽略了人们需求的快速变化。社会上一定不存在一成不变的常胜企业，只有不断变化、跟随时代、超越时代的创新企业。当然我们现在看到的成功企业，也不是在刚成立时就是成功的，往往也是在时代发展过程中演化出来的副产品。

## 一夫一妻制与农业

人类为什么会走向一夫一妻制？

作者认为，狩猎很可能是人类迈向一夫一妻制的契机。人类需要和凶猛的野兽对抗，这让人类第一次拥有了武器。武器不必非得是刀枪火炮，简单的一根棍子也可以是武器。武器最奇妙的力量是拉平了成员间的体能差距，无论身体多么强壮的人，被人在背后给你一闷棍也受不了，在一个狩猎集体中，最弱小的个体拥有了武器，也能杀死最强壮的首领。如果大家都是有家有业的人，那彼此之间更有可能选择共同协作，如果周围人都是光棍，只有一个人妻妾成群，恐怕他连睡觉都不得安稳。因为武器拉平了个体间身体的差异，性资源的分配更加趋近于公平。

农业的诞生为什么也是一个副产品？

作者的观点是这源于天赐圣米所带来的一系列连锁反应。所谓天赐圣米,就是在中国古代的文献记录里,经常会出现嘉禾、薏麦、野谷这样的所谓祥瑞之兆,也就是并没有人耕种,忽然在一片野地里就出现了稻米或麦子,人们直接去收获就可以了。

在原始社会,很多地方都会出现这样的上天恩赐,人们不需要种植,只需要去采集就可以了,这是一种多么理想的生活状态。于是,一部分人就被这种生活状态吸引了,但是,因果链并没有就此结束。这部分人因为选择依靠这种上天的礼物生活,就只能选择定居,在定居的同时,由于食物供给充足,人口数量出现了爆炸性的增长。人口不断增长而食物有限,过不了多久,天赐圣米就不够吃了。怎么办? 人类当然不会在原地等死。一部分人选择带着种子离开,自己去播种、耕耘,去制造自己的天赐圣米。于是在天赐圣米周围的地区,出现了人造的天赐圣米,农业社会就此诞生,也就是说农业是天赐圣米的副产品。

作者用这两个人类文明发展的案例——一夫一妻制和农业的诞生,来证明了人类文明只是生物演化过程中的副产品。那么问题来了,如果文明不是目的性和计划性的产物,那我们是不是没有办法推动文明进步,更具体地说,没有办法实现我们创业者的创业创新呢? 或者说,我们创业者是不是只能坐在这里等待种种机缘巧合呢?

当然不是。打个比方,有两家公司,一家公司比较保守,从上到下只关注现有的业务,虽然勤勤恳恳,但缺乏活力。市场环境一变,原有的业务缩减,利润降低了,公司就会逐渐消亡。另一家公司则比较有活力,老板鼓励创新,员工也积极学习,在原有的业务基础上不断积累额外的能力与资源,一天,某个领域出现了一个风口,而之前积累的能力与资源刚好用得上,这家创新的公司就可以赶上这个风口,不但能持续生存,而且有可能在商业上获得成功。

我们不能说创新的公司之前的积累就是为了这个风口,赶上这次风口就是之前公司创新的目的,但是可以说,之前的积累与赶上风口具有正相关性。世界很残酷,做了不一定成功,但什么都不做肯定不能成功。

同样的,我们创业者有目的有计划的创造,与文明的发展虽然不具有直接的因果性,却有强烈的正相关性。一项普通的创新,和推动文明演进的重要创新,在它们所处的时代并没有什么不同,很可能后者产生的原因比前者还要出人意料。但是之所以能产生推动文明的创新,不是因为有人用思维推导,而是随着创新的大量涌现,量变产生质变,最后实现了文明的飞跃。因此我们可以推导出一个结论,文明的进步与创新有关,是创新为文明进步提供动力。同时,在这个节奏如此之快的时代,创新对我们个人也同样重要,大众创业、万众创新,不是一句空泛的口号,而是自我实现的重要方式。

## 创新的五种方式

最后作者郑也夫老师提出了创新的五种方式,它们分别是给予、借用、杂交、发明与互动。这也是本书最后一章想要向我们传递的重要内容。同时我觉得对我们创业者也有着同样的启发。

给予:给予的主体可以是人,也可以是企业、国家,甚至是上天。农业的诱因就是上天的给予,导致的结果是把人绑定在土地上,同时其副产品使得人类拥有了诞生文明的基础。一般人认为给予只是物质层面的帮助,其实给予也会在一定程度上改变对方的心理、期待和行为,改变人们的行为模式,从而诞生创新的机会。

借用:很多人预言人工智能会超越人类,但在现在这个时间点,人工智能还欠缺一项重要的能力。阿尔法狗下围棋天下无敌,但玩一局王者荣耀它可能就束手无策。对于人工智能,这种能力叫作迁移学习,对于人类,这种能力就叫作借用。把一个领域的知识放到另一个领域,这种高效的手段是人类创新的重要途径,也是我们普通人达成创新的机会。

杂交:杂交的产物必定是新品种,马和驴杂交出来的是骡子,具有吃得比马少、干得比驴多的优点，更受人青睐。凭空制造新的知识往往是很难的，杂交是一种相对容易实现的创新方式。同时，很多时候，一个领域的知识即便研究得再深，往往只是线性增长，而跨学科的知识，才更容易满足人们新的需求，使知识实现指数级的增长。

发明：这里的发明不是发明的成果本身，而是发明成果被应用之后引发的一连串连锁反应。比如 iPhone 只是一部手机，但是在 iPhone 出现之后，人们却进入了智能手机的新时代，无数个手机应用软件应运而生，移动互联网蓬勃发展，人与人之间的连接正式从 PC 端转移到移动端。而这些的第一契机就是 iPhone 的发明。

互动：个体与他者的互动是个体行为的重要动因之一。互动影响了当事者的行为，诱发了创新。美苏冷战中，军备竞赛和星球大战计划促进了科技的发展，包括互联网在内的军用技术的民用化，改变了世界，促进了创新。竞争是市场活力的源泉，竞争者的互动是企业创新的动力。

发明大都是在生活中不经意间完成的。对于我们创业者来说，正确了解并学会应用创新的五种方式，来重新思考我们企业发展中的创新，我觉得是一件非常有收获的事情。

最后，希望这本书能开拓大家新的思维。文明的发展离不开企业的创新，回顾这些历史案例总能为我们创业者带来不一样的思维拓展。就像本书，不仅让我用另外一个视角审视了我们所谓的辉煌，无论是文明还是企业的最终形态，其实不完全是计划和目的的产物，只是一个又一个的巧合、一个又一个意外的产物。对于宏观的文明发展，我们可能不能依靠人类的意志，但是对于企业的发展，或者是我们自身的发展，我认为我们可以利用本书创新的方式，迎合时代发展的趋势，不断地积极创新改变，相信总有一天，属于我们创业者的成功或是辉煌的结果也将会是企业发展过程中一个必然的副产品。

# ■分享人简介：

李景元，长兴时印科技有限公司创始人、董事长兼 CEO。毕业于浙江大学计算机学院工业设计系。先后荣获 2020 胡润 Under 30s 创业领袖、2019 年福布斯 30U30（30 位 30 岁以下精英）、上海 30 位 30 岁以下青年创客、浙商创业青云榜 60 强、工业设计奥斯卡德国红点大奖等荣誉。

# ■公司简介：

长兴时印科技有限公司（以下简称时印科技），成立于 2016 年，总部位于杭州，是一家自主研发、生产、销售 3D 打印机的科技型企业。公司创始团队均毕业于浙江大学，目前已有近 40 多项自主知识产权，技术处于行业领先水平，并先后获得长兴天使、东方汇富、乾然资本等多家机构的千万元投资。

公司旗下"FOODBOT"系列多功能食品 3D 打印机、"盼打"系列自助式 3D 打印机，均为国内首创、行业前沿设备及知名品牌。目前设备已销往 20 多个国家，拥有国内外近百家代理商。公司秉承用 3D 技术改善生活的理念，多次获得 CCTV1、CCTV2、韩国 EBS 电视台、湖南卫视、东方卫视等知名媒体报道，同时也荣获中国消费电子展 Leader 创新奖、3D 打印行业最具创新企业奖等。时印科技相信通过自身的努力和不断创新，秉承让科技改善生活的使命，最终会让 3D 打印技术走进千家万户。

◆ **高峰按：**

李景元选了一本大家想不到的书，来阐述如何以创新思维引领创新创业的问题。的确，《文明是副产品》给予了我们很多启发。作者用独具见识、富于想象且细致的考辨和大胆的推论，从外婚制、农业、文字、纸张、雕版印刷、活字印刷这些人类早期的伟大发明，来思考人类文明产生的问题。新颖的视角打破了我们的思维定式，启发我们从不一样的视角去重新审视历史和周遭的文明成果。

胡珺：

突破边界
——读《有限与无限的游戏》

  《有限与无限的游戏》是一本哲学书，作者是美国纽约大学宗教历史系教授詹姆斯·卡斯（James P. Carse）。本书不足 200 页，如果用一句话来描述这本书的话，我最想说的是，不大好读。怎么说呢？横过来竖过去，每个字都认识，但是拼在一起就不大看得懂。

  但是这本书近年很红，尤其是在互联网投资和创业圈子。倒不是因为卡斯教授在这个领域有何影响力，而是因为凯文·凯利、王兴、程维，这些近乎封神的人物都对它颇为推崇。

  凯文·凯利说，这本书让他有了思考生命的基础理念，为他的精神世界提供了数学框架，改变了他对生活、宇宙以及一切事物的看法。

  王兴说，这本书对他蛮有影响的，帮助他理解了公司竞争真正的"边界"和"终局"。

  程维说，这本书很有意思，创业和人生都是无限游戏。

  以上三位都是商业领域的成功者，在这么强有力的推荐下，忍不住也要找来一看。结果就是抓耳挠腮读了好几天，也不敢说看懂了多少。

不过有意思的是，好看的书，常因引人入胜而致忘我，读者情不自禁会陷入作者的世界里，获得当下酣畅淋漓的愉悦感，然后过不了多久就忘了；而难读的书，尤其以哲学书为典范，很容易让人唤起自身的记忆和经验，并将这种感受带入书中，反反复复揣摩作者想表达的意思，隔了好久还冷不丁地会在一些决策场景唤醒这些曾有过的思考。

从这个角度看，在还没看懂的时候记下一些对本书的所思所想，倒也是一件乐事。

本书分七章，第一、二章是对有限游戏与无限游戏的解读，后面五章从有限与无限游戏这两个视角出发，描述了卡斯教授对自我、世界、自然、社会、性、宗教、文化等领域的看法。我们就来聊一聊，在有限与无限这两种游戏设定下，人的处境和选择有什么不同。

卡斯教授认为，世上有两种游戏，一种是有限游戏，一种是无限游戏。有限游戏以取胜为目的，而无限游戏以延续游戏为目的。

什么意思？有限游戏是有终结的，结局就是成王败寇。有限游戏有约定的游戏规则，约定的时间、空间，也就是说，有限游戏在界限内游戏，按照参与者达成的共识决一胜负，胜者加冕，赢得一个头衔，获得至高无上的权力。

这个套路我们很熟悉，从小到大都是这么过来的。我们寒窗苦读十余年来到大学，获得一纸文凭，是在高考这局游戏里通关，赢得的是受教育权；毕业后，经过数轮面试笔试，过五关斩六将走进大公司，是在就业这局游戏里胜出，赢得的是就业权；甚至三十而立结婚生子，都有点完成限期任务打卡成功的意味，赢得的是婚配权、繁殖权。

参与这个游戏的人越多，认可这个游戏规则的人越多，胜者的头衔就越有价值。这就好比说，越多人认可高考制度，名校的文凭就越有价值；越多人愿意贩卖自由与能力给大公司以获得衣食无忧的庇护，大公司的 offer 就越有价值；越多人认定了社会人就是要结婚生子的，一纸婚书就越有价值。

与之相对的是，无限游戏没有固定的界限，因为有界限就会有终结，而无限游戏既然以延续游戏为目的，游戏者自然就不是在界限里游戏了。

倒不是说无限游戏就没有规则了，只是无限游戏的规则，在游戏进行中是可以改变的。而且，为了让游戏持续下去，规则必须改变。不变的规则，必将产生胜负，也就让游戏终结了。书中举了个很直观的例子，无限游戏的规则好比语法，它的作用是让对话继续，当对话被限制时，可以将规则改变，与时俱进不断发展；而有限游戏的规则好比辩论赛，双方认同了规则就不能改了，作用是让一方的观点压过另一方。

从这个角度讲，无限游戏中很可能包含若干个有限游戏，当有限游戏进行到尽头时，破旧立新，开始新的规则，就过渡到了无限游戏。有限游戏者好比剑拔弩张的斗士，精神紧绷，时刻准备着决一死战；而无限游戏者就像山间嬉戏的童子，今天越过山丘明天蹚过河流，总还有着更远的远方，渐渐大家一起在游戏中长大了，没有胜负，没有头衔。

有限游戏者执着于胜利，无限游戏者着眼于尝试。因此，有限游戏者拥有的是过去，无限游戏者拥有的是未来。

在有限游戏中，游戏者争夺的是游戏界限下的胜利，强烈的获胜欲望催生出对荣耀永存的渴望。而反讽的是，当分出胜负时，有限游戏的旁观者渐渐散去，游戏随之结束，成为过去。因此，作为有限游戏者，享有无上荣光的巅峰，也总是紧挨着被遗忘的低谷。

让有限游戏者痛苦的是，为了维系荣耀，不得不疲于奔命地参与一场又一场的有限游戏。于是我们经常看到一线城市一些光鲜亮丽的男女青年，在世俗社会的标准里，不论是颜值、收入，还是家庭，都已经很优秀了，但她/他们还是很痛苦，总觉得自己做得还不够好，拥有的还不够多。在一个"战场"获得了胜利，高兴了一分钟，这事儿就成为过去了，为了再次手握胜利，不得不赶往下一个"战场"。

这就是以取胜为目的的困境，奖杯与头衔远比我们想象的容易湮灭，为了追求这些声名与权力，我们不得不一直负重前行。

不是说无限游戏中也可以存在若干个有限游戏吗？那就是说，无限游戏者，也会经历若干场对胜利的角逐，如此一来两者的区别何在？

区别就在于游戏中的角色感和初心。

有限游戏者在游戏中，把胜负当作最重要的目的，催眠般地沉浸在游戏规则里，某种程度上是自己遮蔽却了自我的自由。他们有意无意地忘却了游戏是自愿加入的，忘却了游戏规则是可以和其他游戏者约定的，仿佛被囚禁在规则里了一样，把自己当作游戏中的角色。就好比有时候演员入戏太深，戏结束了还走不出来，误以为自己是角色本身，以戏里的结局为终局，沉溺在角色的悲喜之中。

而无限游戏者，虽然在游戏中也会有一定的角色感，但对待游戏没那么严肃，更像是对待一场娱乐。他们在游戏中会像有限游戏者一样使用面具，会作为游戏角色而努力争取，但是也会清晰地知道，自己的表现只是因为身处这场游戏里。因为无限游戏者追寻的是让游戏持续下去，而不是胜负，所以局部游戏的胜负不影响他们的行为。他们不会因为在一场有限游戏中胜了就自鸣得意，试图抓住这场胜利的头衔不放；也不会因为输了就沮丧不已，把游戏中角色的失败当作自我的彻底失败而放弃再次尝试。有点范仲淹的"不以物喜，不以己悲"的意味。

这么一说，大概人人都想做无限游戏者吧，而现实是，大部分人的大部分时间，都深陷有限游戏的泥沼。那么，我们有没有选择权，以及如何转变？

选择权自然是有的。

不论是有限游戏，还是无限游戏，参与者都是自愿选择参与的，否则就根本不存在游戏。既然这样，本质上我们随时都拥有选择游戏类型的权利与能力。即便已经踩在有限游戏的鞋子里，当在它约定的规则下走到终点时，只要游戏参与者尝试打破边界，为了延续游戏而建立新的规则，有限游戏就悄悄无限化了。

也就是说,当我们的着眼点从决出胜负转变成持续成长时,有限游戏的边界就被打破了,一场短游戏的输赢结局变成了长游戏过程中的一个节点。工作与生活,都是如此。

我的上一份工作是在杭州某互联网公司,标签大致是高薪、996。在这里我见过很多被卷入有限游戏中的疲惫的人,一边筋疲力尽,一边沉溺在这个游戏里。为什么不改一改游戏规则?我想是因为在一个强信念的环境下呆久了,很容易忘记自己是有其他选择的。当大家都在攀比薪水、职级、影响力时,你很难抽出身来,花精力倾听自己内心究竟想要什么,于是陷在别人构建的有限游戏里,并且渐渐以为自己就是入戏的那个角色,以为自己必须认同所处游戏的规则。

在另一本畅销书《人类简史》中有一个有趣的观点:人类物种之所以能脱颖而出,是由于人区别于其他动物,能够通过语言沟通,形成强大的信念,从而能团结起来对抗外敌。而有点反讽的是,也正是由于信念的力量如此巨大,处于时代洪流中的我们,很多时候个人意志难以被唤醒,个人的幸福感很有可能反而比以前没有被强加信念的自由自在的人们要低。

要选择转向无限游戏,就有必要把这些被强加的信念卸下来。放下同辈的成功带给自己的压力,放下对一城一池的争夺,回过头来想想:我们的初心是什么?我们想走向什么方向?不断地将成败加在自己身上,是在靠近还是远离我们想要到达的方向?

或许,当放下自我证明的执念,更愉悦地、甚至略带戏谑地观察身处的游戏时,我们将收获一个更耐得住寂寞、持续成长的自我。

无限的游戏究竟是什么?卡斯教授没有给出答案。只在最后一页留下了一句箴言,"世上的无限游戏有且只有一种"。

对这个问题,我道行尚浅,不敢妄下断言。但见过一些十分优秀的投资人,他们像是进入了无限游戏的世界。他们通常低调谦逊,不轻言成功,以一种平和的心态拥抱不确定性,时时如履薄冰。

优秀的创业者，大抵也是如此，不标榜过往的成功，永远保持好奇心，永远尝试突破边界。把这本书带红的美团创始人王兴，就是一个很好的案例。美团围绕的核心始终是用户体验，业务边界一拓再拓，从千团大战，到酒旅服务，到外卖服务，到出行服务，再到生鲜服务。如今已经没人说美团是个团购网站了，而将它视为本地生活平台。假以时日，谁知道王兴还能带着它走向何方呢？

就我个人而言，也是带着拥抱无限游戏的谦卑与无畏，加入了师兄的项目，开启了眼下这段新材料项目的旅程。我们不是要打败谁，也不需要一个多么闪亮的头衔，只要能扎扎实实地提升上游材料的品质，为优化下游产品性能做出一点微小的贡献，便不失为一段美妙的旅途了。而这个美好的时代，会有许许多多游戏者与我们同行，沿着各个方向进行小而美的探索，让这个游戏时间延续得尽可能长。

若人生如戏，愿它是流动的盛宴，波澜壮阔，永无止境。

## ■分享人简介：

**胡珺**，宁波拓烯新材料科技有限公司联合创始人、COO。2004年进入浙江大学，2008年进入新加坡国立大学攻读硕士学位。历任阿里巴巴集团运营专家，私募股权投资机构高级投资经理，中信证券高级分析师。十年项目管理、投融资经验，擅长产业分析、投融资和项目运营管理。

## ■公司简介：

宁波拓烯新材料科技有限公司（以下简称拓烯）聚焦于透明性

好、折射率高、气体阻隔性好的高性能光学材料，当前核心产品为环烯烃共聚物，广泛应用于光学镜头、医疗包装、消费品包材等领域，市场容量超百亿。拓烯旨在突破外企把持的"卡脖子"技术，引领高性能光学材料的进口替代。

目前已突破原料、催化剂、工艺、专利这四大瓶颈，是具有市场稀缺技术功底的高科技团队。技术带头人王果在世界500强企业日本总部工作十余年，任职技术总监、首席工程师。其他技术骨干均来自于全球领先的化工巨头或国际知名高等院校，凝聚多名浙江大学、北京大学工学/理学博士人才。并且，公司与浙江大学化学工程联合国家重点实验室合作密切，共同建立电子信息产业化基地。

◆ **高峰按：**

如何看待每个人的一生？有人认为是一段旅程；有人认为是一场修行。通过胡珺的解读，我们看到，在作者眼里，人生是一场游戏。不同的是，这场游戏在有的人手中是有限游戏，成败输赢只在一瞬之间；在有的人手中是无限游戏，生命不息，精彩不止。游戏时间是无限的，人生时光是有限的，如何在有限的时间创造无限的价值，如何在有限的时间单位中赋予无限的意义，是这本书带给我们审视生命的新视角。找到属于自己的无限游戏，是我们生命周期里最重要的一件事情。

王博鑫：
比目标更重要的是习惯
——读《高效能人士的七个习惯》

我给大家推荐的是史蒂芬·柯维(Stephen R. Covey)的《高效能人士的七个习惯》这本书。在本书里史蒂芬·柯维呈上了一道涉及七项课程、探讨如何掌握人生以及如何实现理想的大餐。

全书共七个习惯,分为两部分。第一部分为个人领域——从依赖到独立,第二部分为公众领域——从独立到互赖。第一部分的三个习惯依次是:积极主动、以终为始、要事第一。第二部分的三个习惯依次是:双赢思维、知彼解己、统合综效。最后一个习惯是:不断更新,旨在全局统筹。

它们之间的关系可以参照下图:

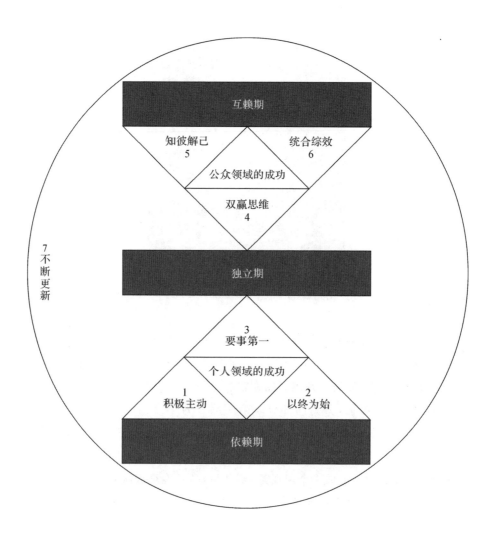

对于个人来说，首先需要进行的是构筑自己的人生架构和人生目标与原则，从心理上要从内而外地进行改变。第一个习惯主要讲的便是"积极主动"。

对于创业来说，自己心态的转变是极为重要的，要有积极的心态，相信自己能努力实现目标。我见过很多创业者会给自己设定各种条条框框,比如"我做不了运营""我卖不出去产品的""销售只能雇人来做"。实际上,对于创业者来说哪里需要就顶哪里,而且不只是做,还要做到最好。我见过很多成功的创业者,他们都有一个共同的特点:在面对各种问题时可以转变成各种角色,运营、销售、打杂不一而足。

第二个习惯是"以终为始",看似矛盾,其实不然。"以终为始"即设定目标,然后朝这个目标去努力。书中写道,"你希望在盖棺定论时获得的评价,才是你心目中真正渴望的成功"。比如假设你参加自己的葬礼,你希望人们在这里怎么向你告别呢?你希望在生前对周围人产生哪些影响?创办企业是为了什么?做产品是为了解决什么问题?有了这些目标,我们就知道要朝哪里前进了。

创业者要认识到:"成功,甚至求生的关键并不在于你流了多少汗,而在于你努力的方向是否正确,因此无论在哪个行业,领导都重于管理。"我们不能用战术的勤奋去掩盖战略的懒惰,这是创业者尤其是技术型创业者经常犯的致命性问题。

我们要改写自己的人生,便需要一份纲领——个人使命宣言。宣言主要说明自己想成为什么样的人(品德),成就什么样的事业(贡献和成就)及为此奠基的价值观和原则。对于企业来说也是如此,这就是我们常说的企业价值观。在最初创业的过程中,我一度认为企业价值观是一个比较虚的口号,但随着企业规模的扩大,创业者会越来越发现企业价值观的重要性。在创业的路上你会遇到很多岔路,每一次选择都是一个需要慎之又慎的决定,在做选择时创业者一定要扪心自问,我的初衷、本心、价值观是什么,这样才能确保自己不在各种利益面前迷失本心、目光短视。使命宣言犹如一部准则,在以后任何时刻都要处处遵循,这样才不会在利益的丛林中迷失自己。

有了目标,我们就需要实施,实施就需要技巧——管理。

对于创办企业的创业者来说，一旦确定了方向就应该对企业进行有效的管理。有效的管理指的就是要事第一，先做最重要的事情。领导者首先要决定的，就是哪些事情是重要的；而作为管理者，就是要将这些重要的事务优先安排。这也就是第三个习惯"要事第一"。书中提到了个人管理的四步骤：确认角色、选择目标、安排进度、每日调整。这样的计划更为灵活、多样，更具有适应能力，同时以人为本，强调以原则为中心，以良知为导向，针对个人独有的使命，帮助个人平衡生活中的不同角色，并且全盘规划日常生活。

对于企业来说非常重要的一个管理技巧就是——授权。授权分为指令型授权与责任型授权。责任型授权优于指令型授权，实际上指令型授权相当于事必躬亲，这样的领导者会疲于细节而无暇顾及全局，这必然会导致失败。所以应善用责任型授权。责任型授权在实际执行中应指出预期成果、指导方针、可用资源、责任归属和奖惩制度。

第四个习惯是"双赢思维"。人际交往有六种模式，即：利人利己、损人利己、舍己为人、两败俱伤、独善其身、好聚好散。纵观这六种模式，最好的便是利人利己。要想做到双赢，就必须做到：诚信、成熟、知足。尤其是知足，天地之大，要相信资源充足，人人有份，别人得到了不代表你就一定有损失。这点对于创业者来说尤其是。我们经常可以看到曾经的好兄弟因为公司利益分配而形同陌路，对于创业者来说，双赢、知足是其和他人、公司建立良好关系的重中之重。

第五个习惯是"知彼解己"。这一习惯最重要的便是学会移情聆听，即听者需要站在说话者的角度理解他们的思维模式和感受，而不是用自己的经验、价值观去评判别人。我们经常会陷入思维定式之中，虽然我们的初衷是聆听，但是总忍不住输出自己的价值观。比如书中举了一个例子，也是生活中的典型场景——父亲与儿子的对话，儿子向父亲述说上学无聊透了，父亲一开始在聆听，但是后来却不知不觉转换为评判，习惯性地就会带出"好好念书,将来才能找到更好的工作""你应该多读书,少看电视"等观点进行自己的价值观输出。

有了前述的这些习惯,那我们要做的就是整合,让"1+1"大于2,即第六个习惯"统合综效"。在具体实施中,我们应尊重差异,积极寻找第三条道路去解决问题。因为别人与你的差异便是你所看不到的那一面,和别人进行有效沟通,综合了双方的观点,思考问题也就更全面更透彻。我们要认识到有差异是好事情,没有差异反而没有进步。另外,对于创业者来说也还应注意:"相同不是统一,一致也不等于团结,统一和团结意味着互补,而不是相同。完全相同毫无创造性可言,而且沉闷乏味。统合综效的精髓便是尊重差异。"

第七个习惯是"不断更新"。自我提升将从四个层面更新:身体、精神、智力、社会/情感。不要总是寻找理由不去进行自我更新,这就像你看到了一个伐木工人因为工具不锋利,砍了四五个小时的树累得满头大汗,大树却纹丝未动,这时你提议让他去磨一磨他的斧头,他却说他没有时间。在企业中也是如此,创业者需要不断复盘、不断学习,磨刀不误砍柴工。

越是积极主动(习惯一),就越能在生活中有效地实施自我领导(习惯二)和管理(习惯三);越是能有效管理自己的生活(习惯三),就能从事越多的更新活动(习惯七);越能先理解别人(习惯五),就越能找到统合综效的双赢解决方案(习惯四和六);越是改善培养独立性的习惯(习惯一、二、三),就越能在相互依赖的环境下提高效能(习惯四、五、六);而自我更新则是强化所有这些习惯的过程(习惯七)。

最后,有两句值得深思的话语与诸君共勉:

第一,"稳定的经济基础并非来自工作,而是来自个人的产能(思考、学习、创造、调整)"。真正的经济独立指的不是家财万贯,而是拥有创造财富的能力。

第二,"哪有什么来世,今生今世就是生生世世",希望大家能在创业的万般岔路之中走出不忘初心的成功之路。

## ■分享人简介：

**王博鑫,**杭州跃迁科技有限公司创始人、董事长兼 CEO。本科毕业于浙江大学竺可桢学院,硕士毕业于浙江大学计算机学院,连续创业者。从小酷爱技术,初中开始接触编程,高中参加信息学奥林匹克竞赛,高一即获得省级一等奖,高三保送至浙江大学竺可桢学院下的拔尖人才特别培养班求是科学班(计算机)。本科期间写过游戏,做过软件,拥有丰富的项目经验。本科毕业获得阿里巴巴、百度 SP offer,最后选择了保送攻读浙江大学计算机系研究生。有敏锐的市场嗅觉、丰富的项目管理经验,开发过 SaaS"智慧店铺""神记 ERP""柠檬记账""轻功特牛"等多款产品。

## ■公司简介：

杭州跃迁科技有限公司(以下简称跃迁科技)是一家从事人工智能创新性研究的高科技公司,致力于将先进的人工智能技术与商业应用相结合,建设更加智能、便利的世界。公司现阶段着力于探索中小微企业的数字化转型之路,致力于用坚实的技术力量推动产业发展,为商家赋能。跃迁科技将带着一流的研发团队,应用最新科研成果,在多个细分市场中开发数据化服务产品。

公司有三条业务线,第一条是智慧店铺,神记智慧店铺是人脸识别、人工智能和大数据分析的商业化融合,让以人工智能为核心的精准营销成为商业新的增长点,低成本快速获取客户,以改变传统实体店铺的商业进行方式。第二条是小程序产品，以柠檬记账为代表，柠檬记账是一款具有三秒记账、圈子记账、多账本统一、收支可视化等功能的一站式 C 端免费记账软件。第三条是二次元游戏设计与开发，公司研发了"我要赚遍全球""胡闹仓鼠""轻功特牛"等游戏。

◆ **高峰按：**

　　《高效能人士的七个习惯》是一本经典书籍，关注的是培养人们积极高效的工作习惯。对创业者来说，这本书有利于优化个人时间效能以及提升时间管理的效率。值得注意的是，作者总结的七大习惯需要站在系统性的角度进行锻炼和培养，每个习惯之间的关系密不可分。一千个读者有一千个哈姆雷特，对王博鑫来说，史蒂芬·柯维的七个习惯帮助他尽早建立起了属于他自己的生活坐标系。

# 后　记

　　阅读，其实是我们与自己的心灵对话的一种方式，为什么这么说呢，因为我们挑选一本书来阅读的时候，其实总是有意无意地与我们关心的事情有关。从这个角度来说，当我们拿起《静思与超越——创业者的自我沉淀》一书时，潜意识里就是与我们内心里的"自我沉淀"意识在对话。

　　这也是我为什么会想到和创业者的优秀代表们来共同创作这本书。只因为，自我沉淀对一个创业者非常重要，而阅读，是自我沉淀的一种方式。

　　优秀的创业者们，他们选择创业，不单是基于兴趣，更主要是基于价值观，基于自己的家国情怀、历史使命感和时代责任感！事实上，观察表明，一个人如果只是为了自己去创业，是很难坚持下去并获得成功的，因为创业维艰，而且是超出常人所想象之艰。人生有很多种生活方式，如果只是为了自己，相信没有人会选择这样一条艰辛之路！

　　正因为这样，他们的自我沉淀，就显得弥足珍贵！

　　让我们为他们祝福吧，这些推动技术进步、创新发展的战士！这些奋战在我们国家经济建设、文化建设、社会建设、生态文明建设一线的战士！

　　加油！

高　峰

2020 年 10 月 19 日

**图书在版编目（CIP）数据**

静思与超越：创业者的自我沉淀／高峰等著. —
杭州：浙江大学出版社，2020.11
ISBN 978-7-308-20634-1

Ⅰ.①静… Ⅱ.①高… Ⅲ.①创业—研究 Ⅳ.
①F241.4

中国版本图书馆 CIP 数据核字（2020）第 187974 号

**静思与超越：创业者的自我沉淀**

高　峰　等著

| | |
|---|---|
| 责任编辑 | 卢　川 |
| 责任校对 | 张　睿　谢　焕 |
| 封面设计 | 周　灵 |
| 出版发行 | 浙江大学出版社 |
| | （杭州市天目山路 148 号　邮政编码 310007） |
| | （网址：http://www.zjupress.com） |
| 排　　版 | 杭州中大图文设计有限公司 |
| 印　　刷 | 杭州高腾印务有限公司 |
| 开　　本 | 710mm×960mm　1/16 |
| 印　　张 | 16 |
| 字　　数 | 230 千 |
| 版 印 次 | 2020 年 11 月第 1 版　2020 年 11 月第 1 次印刷 |
| 书　　号 | ISBN 978-7-308-20634-1 |
| 定　　价 | 50.00 元 |